나폴리 맛피아 시크릿 레시피

일러두기

· 파스타 면을 삶을 때 사용하는 천일염(건면은 물 1L에 천일염 20~25g, 생면은 물 1L에 천일염 10~12g) 외에 요리 시 사용하는 일반 소금은 모두 한주소금 기준입니다.

· 레시피는 1~2인분 기준이지만, 소스 등의 양은 해당 레시피의 특성으로 인해 3인분 이상임을 밝힙니다.

**나폴리 맛피아
시크릿 레시피**

초판 1쇄 발행 · 2025년 11월 25일
초판 3쇄 발행 · 2026년 1월 8일

지은이 · 권성준

발행인 · 우현진
발행처 · (주)용감한까치
출판사 등록일 · 2017년 4월 25일
팩스 · 02)6008-8266
홈페이지 · www.bravekkachi.co.kr
이메일 · aoqnf@naver.com

기획 및 책임편집 · 우혜진
마케팅 · 리자
사진 촬영 · 신재원 디자인 · 백설미디어 교정교열 · 이정현
CTP 출력 및 인쇄 · 제본 · 이든미디어

- 책값은 뒤표지에 표시되어 있습니다.
- 잘못된 책은 구입한 서점에서 바꿔드립니다.
- 이 책에 실린 모든 내용, 디자인, 이미지, 편집 구성의 저작권은 도서출판 용감한까치와 지은이에게 있습니다. 허락 없이 복제하거나 다른 매체에 옮겨 실을 수 없습니다.

ISBN 979-11-91994-46-9(13590)

ⓒ 권성준

감성의 키움, 감정의 돌봄 용감한까치 출판사

용감한까치는 콘텐츠의 樂을 지향하며 일상 속 판타지를 응원합니다. 사람의 감성을 키우고 마음을 돌봐주는 다양한 즐거움과 재미를 위한 콘텐츠를 연구합니다. 우리의 오늘이 답답하지 않기를 기대하며 뻥 뚫리는 즐거움이 가득한 공감 콘텐츠를 만들어갑니다. 아날로그와 디지털의 기발한 콘텐츠 커넥션을 추구하며 활자에 기대어 위안을 얻을 수 있기를 바랍니다. 나를 가장 잘 아는 콘텐츠, 까치의 반가운 소식을 만나보세요!

나폴리 맛피아
시크릿 레시피

contents

프롤로그 ·· 008

CHAPTER 1. 누구나 요리할 수 있다

part 1. Napoli Matfia 요리사의 탄생 ·· 016
- 인생 첫 요리, 망작
- Yes Chef, 파스타의 추억
- 아버지의 식재료
- 미래가 없는 아이
- 문득 '요리나 해볼까?'
- 조리학과의 문제아 ※ 문제아의 요리 노트 1장 〈칼질〉
- Boy, Good Luck!
- 토양의 완성 ※ 문제아의 요리 노트 2장 〈인터넷으로 하는 요리 공부〉
- 번데기 취사병 ※문제아의 요리 노트 3장 〈요리책 보기〉

part 2. Michelin, Napoli **Mai Paura** ·· 028
- ALMA
- DANI MAISON
- 그리시니
- 파스타 에 파타테
- 그랑 크루도
- 오늘도 점심은 욕 한 사발
- Three Stars, Le Calandre
- 미슐랭 3 스타 주방의 일상
- 칼란드레 사람들
- 마이 파우라
- Korean Food Day

part 3. Via Toledo **My Signature** ·· **046**

- 고든 램지를 만나다
- Road to Via Toledo
- 내 인생의 첫 고양이 보미
- Via Toledo Pasta Bar

part 4. White or Black **I am both** ·· **054**

- 사업병
- 마리
- 아웃될 뻔한 번아웃
- 신이 주신 마지막 기회, 〈흑백요리사〉
- 〈냉장고를 부탁해 since 2014〉의 고정 셰프가 되다
- 처참한 승률
- 30대를 맞이하며

CHAPTER 2. 나폴리 맛피아 시크릿 레시피

요리 노트 01 토마토소스의 기본 ·············· 068
요리 노트 02 베샤멜소스의 기본 ·············· 069
요리 노트 03 생면 파스타의 기본 ·············· 070
요리 노트 04 바다 육수 ·············· 074
요리 노트 05 생선 육수 ·············· 074
요리 노트 06 만테카레 ·············· 075
요리 노트 07 알덴테 ·············· 075

인생 요리 01 토마토 참치 파스타 ·············· 076
인생 요리 02 다양한 채소를 베이스로 한 페스토 ·············· 082
인생 요리 03 제철 생선 카르파초 ·············· 088
인생 요리 04 오리 가슴살 스테이크와 단호박 퓌레 ·············· 094
인생 요리 05 피렌체식 티본 스테이크와 머시룸 레드 와인 소스 ·············· 100
인생 요리 06 클래식 리소토 ·············· 108
인생 요리 07 볼로냐식 정통 라구소스 ·············· 114
인생 요리 08 나폴리식 피자 튀김 ·············· 122
인생 요리 09 세 가지 그리시니 ·············· 128
인생 요리 10 로베르토의 토마토 리소토 ·············· 134
인생 요리 11 브루스게타 ·············· 140
인생 요리 12 이스키아식 토끼 파스타 ·············· 146
인생 요리 13 파스타 에 파타테 ·············· 152
인생 요리 14 비아 톨레도를 걸으며 만난 해산물 튀김 ·············· 160
인생 요리 15 홈 파티 라자냐 ·············· 168
인생 요리 16 소 볼살 라비올리 ·············· 174
인생 요리 17 정통 베네토식 티라미수 ·············· 180
인생 요리 18 비아 톨레도의 시그너처 봉골레 파스타 ·············· 186
인생 요리 19 카르보나라 생면 스파게티 ·············· 192

인생 요리 20 훈연 굴 탈리올리니 ………………… 198

인생 요리 21 포카치아 델 조르노 ………………… 204

인생 요리 22 비스큐소스 ………………… 210

인생 요리 23 카르토초 ………………… 216

인생 요리 24 나폴리 어부의 그물 속 ………………… 222

인생 요리 25 리코타 치즈 케이크 & 트러플 젤라토 ………………… 228

인생 요리 26 사프론 리소토와 오소부코 ………………… 236

인생 요리 27 하이난식 치킨 리소토 ………………… 242

인생 요리 28 양갈비와 단호박소스 ………………… 248

인생 요리 29 시칠리아식 카포나타 ………………… 254

인생 요리 30 쿠스쿠스 알라 트라파네세 ………………… 260

인생 요리 31 피자 카프리초사 ………………… 266

SPECIAL CHAPTER. 나폴리 맛피아 인생 여행

여행 01 로마 ………………… 274

여행 02 나폴리 ………………… 278

여행 03 시칠리아 ………………… 284

에필로그 ………………… 288

prologue
꿈이 없는 인생의 의미는 대체 뭘까?

꿈도, 열정도, 아무것도 없던 고등학생 시절, 나의 인생은 오로지 내 방 한 칸 안에 있었다. 그 방을 나가 세상을 만나고 도전하고 무너지기도 하면서 나는 강해졌고 점차 뚜렷한 목표가 생겼다.

지금의 나는 매번 커다란 목표와 꿈을 정해 끊임없이 앞으로 나아간다. 수많은 실패도 겪었고, 모든 걸 내려놓을 만큼 힘들었던 적도 있다. 하지만 포기한 적은 없다. 목표한 것을 이뤄내는 순간까지 내려놓을 수 없었다.

무기력하게 살아온 나에게 새로운 인생을 선사한 것은 요리지만, 여러분에겐 다른 것이 될 수도 있다. 내가 왜 요리를 시작하게 되었고, 왜 사랑하게 되었는지, 그리고 어떤 노력을 기울였으며, 요리를 통해 얻은 것과 미래의 목표로 삼은 것이 무엇인지 하나하나 이야기를 꺼내보도록 하겠다.

소심쟁이 고등학생 권성준에서 요리 꿈나무 대학생, 궁극의 취사병을 거쳐 오너 셰프, 나폴리 맛피아에 이르기까지, 지금부터 나의 인생과 요리를 함께 살펴보자.

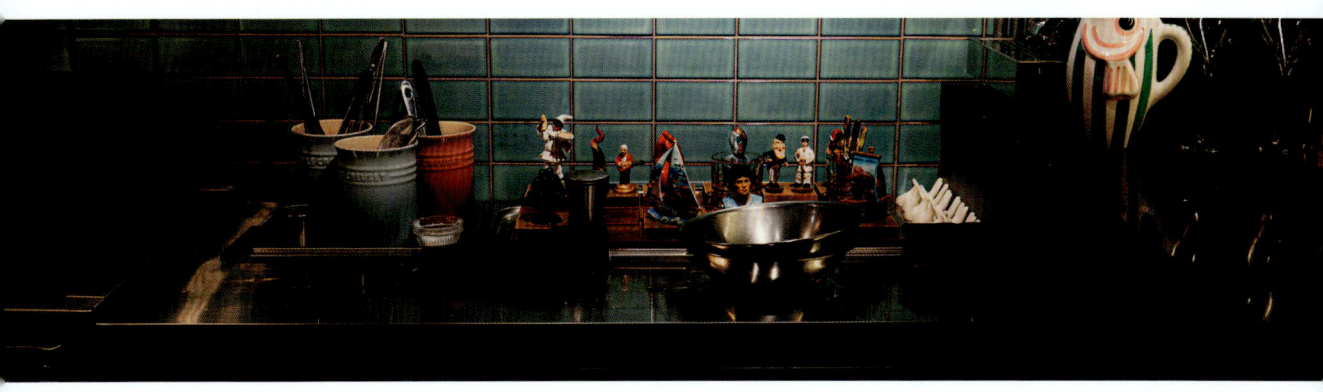

CHAPTER

누구나 요리할 수 있다

Anyone Can Cook

part 1.
Napoli Matfia

요리사의 탄생

인생 첫 요리, 망작

내 인생을 통틀어 요리에 대한 가장 오래된 기억은 여섯 살 무렵의 기억이었던 것 같다. 부모님은 내가 태어나기 전부터 맞벌이를 하고 계셨고, 나는 할머니의 보살핌 속에서 자랐다. 유치원에서 돌아온 어느 날, 할머니는 외출을 하셨는지 집에 아무도 없어서 배가 고팠던 나는 요리를 해보기로 결심했다. 무슨 용기였을까. 어릴 때부터 소심했던 나였지만 프라이팬에 불을 올리는 데는 망설임이 없었다. 처음 시도한 요리는 볶음밥이었다. 아마 할머니가 해주시던 볶음밥을 옆에서 서당개처럼 관찰해온 기억을 토대로 시도해봤던 것 같다. 참치 캔을 따서 밥솥의 밥에 넣어 대충 비벼낸, 어떻게 보면 비빔밥과도 같았던 비주얼. 케첩을 대충 뿌려 먹었는데, 지금도 그 맛이 생생하다. 몇 년 되지 않은 짧은 인생 중 최악의 맛. 이후 수년간 나는 더 이상 요리를 시도하지 않았다.

Yes Chef, 파스타의 추억

그렇게 중학생이 되었고, 혼자 있는 시간이 점점 늘어갔다. 친할머니가 돌아가시고, 외증조할머니와 외할아버지가 초등학생 때까지 어린 여동생과 나를 주로 보살펴주셨지만, 중학생 때부터는 주로 혼자서 혹은 여동생과 함께 요리를 해 먹었다. 그 무렵 대한민국에서 가장 핫한 드라마는 〈파스타〉였는데, 그걸 보며 혼자서 파스타를 해 먹었다. 파스타 외에도 볶음밥이나 오믈렛 등 다양한 요리를 시도하고 동생과 나눠 먹으며 학창 시절을 보냈다. 하지만 그때 내게 요리라는 것은 말 그대로 배를 채우기 위한 수단이었을 뿐 나중에 셰프가 되고 싶다거나 요리를 평생의 업으로 삼는다거나 하는 생각은 해본 적이 없었고, 처음 요리사가 되어야겠다고 결심한 건 머나먼 미래의 일이었다.

아버지의 식재료

아버지 쪽 집안은 대대로 농사를 지으셨던 것 같다. 어린 시절 나는 경기도 고양시 대자골에서 자랐는데, 할아버지의 시골집(정확히 얘기하면 기와집 같은 느낌의 오래된 목조 주택)에 자주 가서 흙먼지를 마시며 농작지와 논을 뛰어다니곤 했다. 그러다가 가끔은 어머니와 아버지를 따라서 토마토나 가지 등을 따거나 감자와 고구마를 캐고, 가끔은 논에 비료를 뿌렸다. 경운기로 할아버지가 키운 깨나 벼를 날라 햇볕에 잘 펴서 말리기도 하고, 잘 마른 깨를 타작해 들깨로 기름을 내기도 했다. 이런 경험 덕에 자연스럽게 어릴 때부터 식재료와 가까워졌다.

할아버지가 돌아가신 후로도 아버지와 어머니는 취미로 주말마다 농사를 지으셨다. 장사를 하고 있는 나에게 종종 방울토마토나 가지를 갖다주시면 나는 그걸로 맛있는 요리를 해서 손님들께 내곤 했다. 대부분의 요리사들은 성장할수록 결국 식재료에 의존하게 된다. 요리사들의 공부와 실력의 성장에는 분명한 한계가 있다. 새로운 레시피를 개발한다거나 재해석하는 것 역시 한계가 있지만, 식재료에는 한계가 없다. 좋은 식재료는 항상, 어디에나 존재하지 않는다. 품종개량과 기후, 그리고 기르는 사람의 정성과 사랑이 담긴 좋은 식재료가 주는 맛과 감동은 돈 주고도 살 수 없기 때문이다. 어린 시절에 생긴 농사와 식재료에 대한 관심은 요리사가 된 지금까지 이어져 많은 영향을 주고 있다. 앞으로도 내가 요리를 계속하는 한 이런 관심과 애정은 끝나지 않을 것이라 생각된다.

미래가 없는 아이

일곱 살 때까지 시골에서 경운기를 타며 삽을 들고 뛰어놀던 나는 초등학교에 입학하면서 서울시 노원구로 이사를 갔다. 아무래도 서울에서 교육으로 유명한 지역이었기에 나와 동생의 교육을 위해 이사를 가시지 않았을까 싶다. 그렇게 노원구에서 초등학교와 중학교, 고등학교까지 다녔고, 학창 시절, 사춘기, 10대를 보냈다.

초등학교와 중학교를 졸업할 때까지 나는 공부도 적당히 하고 친구들과도 그럭저럭 잘 지낸 편이었다고 생각한다. 엄청난 '인싸'까지는 아니었지만 괴롭힘을 당한다거나 누군가를 괴롭히거나 한 적도 없고, 성적은 중위권에서 중상위권을 유지했던 것으로 기억한다. 그런데 고등학교에 들어가면서 사춘기가 좀 심하게 왔는지 무력감을 느껴 아무것도 하기 싫어졌다. 학교에서는 거의 매일 잠만 잤고, 쉬는 시간에만 일어나 친구들과 캐치볼을 했다. 집에 가면 항상 문을 잠그고 침대 위에 누웠다. 공부에는 뜻이 없었다. 여전히 맞벌이를 했던 부모님은 내 성적을 올릴 수 있는 방법에 대해서는 잘 알지 못하셨던 것 같다. 그래서 그냥 학교가 끝나면 대부분의 시간을 학원에서 보낼 수 있도록 많은 수업을 등록했고 그걸로 위안을 삼으셨던 듯하다. 학교에서나 학원에서나 공부하는 게 너무 싫었고 의욕이 없었으며, 매일매일 무기력했다. 하루하루가 고통스러웠다. 아무 의미 없는 삶과 인생. 나에게 주어진 두 평 남짓한 감옥과도 같은 공간에 나 스스로를 가뒀다.

나는 내 안의 문을 잠가버렸다. 누군가 내 안에 들어오게 하지도, 내가 나가지도 않은 채 그 시간을 버텼다. 부모님과도 친구와도 그 누구와도 대화하고 싶지 않았다. 당연히 꿈과 목표는 없었다. 하고 싶은 것도 가고 싶은 곳도 없었다. 오로지 그냥 숨만 쉬는, 맞다, 존재만 하고 있었다는 표현이 알맞을 것 같다. 그냥 아무도 나를 찾지 않았으면 좋겠다는 생각뿐이었다. 그렇게 수능을 앞둔 고 3이 되었고, 성적은 점점 더 떨어졌다. 결국 부모님도 내가 스스로 공부를 해서 좋은 대학에 들어가길 기대하는 것은 어느 정도 포기하셨다. 지금 생각해보면 부모님이 많이 걱정하셨을 것 같아 죄송스럽다. 본인들은 자식들을 위해 매일매일 일하며 한 푼 두 푼 아껴서 학원비를 내주시는데, 하나밖에 없는 아들 놈은 학원에서나 학교에서나 공부는 안 하고 방구석에서 나오질 않으니….

수능 날이 다가올수록 스스로도 점점 겁이 나기 시작했다. 친구들은 저마다의 꿈과 목표를 가지고 있었지만(부푼 설렘까지 안고 있는 녀석도 있었다), 나는 그저 앞으로 수능이 끝나면 뭐 해서 먹고살아야 할까 하는 걱정뿐이었다. 그때는 대부분 대학교에 진학하는 추세였는데, 나는 수능이 끝나면 9급 공무원 시험이나 준비해야겠다고 생각했다. 좋아하는 것도, 하고 싶은 것도, 할 줄 아는 것도 없는 것 같던 내가 대학이라니. 당치도 않다고 생각했다. 그저 내가 좋아하는 야구나 보면서 강아지를 키우며 소소하게 조용히 살아가는 상상을 하곤 했다.

문득 '요리나 해볼까?'

수능이 끝나고 여전히 무기력한 시간을 보내던 12월의 추웠던 어느 날. 책상 앞에 앉아 '앞으로 뭘로 먹고살지?' 하고 고민하던 때 마치 만화의 한 장면처럼 전구가 번쩍이는 경험을 했다. '요리나 해볼까?' 하는 생각이 머릿속에서 번쩍인 순간, 온몸에 전율이 돌며 닭살이 올라왔다. 왠지 잘될 것 같다는 느낌이 들었다. 요리를 본격적으로 해본 적도 없고 배워본 적도 없고 요리사라는 꿈을 생각해본 적이 없었음에도 조리학과에 진학하면 일이 잘 풀릴 것 같았다. 근거는 전혀 없었음에도 마치 운명처럼 다가온 것 같다. 요리를 제대로 배워본 적은 없었지만 맞벌이를 하시는 부모님의 영향으로 자연스럽게 요리를 접하고 시도했던 어린 시절이 떠올랐다. 그렇게 집 근처에 조리학과가 있는 대학교를 서치했고, 그중 한 곳에 합격해서 호텔조리학과에 다니는 대학생이 되었다.

조리학과의 문제아

조리학과에 진학하면서 학교 실습을 시작했다. 사실상 전문적인 요리 수업은 처음 받아보는 것이었는데, 같은 반 동기들은 고등학교 때부터 요리를 시작해서 자격증을 취득하거나 요리 대회에서 수상한 친구들이 많았다. 내 요리 실력은 단연 반에서 하위권이었고, 칼을 제대로 잡는 법도 모르는 상태에서 실습이 시작되었다. 첫 수업부터 생선을 손질해야 하는 메뉴가 나왔는데, 내 칼은 계속해서 허공을 갈랐고, 생선 껍질도 제대로 벗기지 못해서 짜증이 났다. 결국 나는 칼을 집어 던지고 실습실을 나갔다. 이후 1학년 1학기 내내 답답한 내 요리 실력과의 싸움을 벌였다. '나와 맞지 않는 길인가? 요리도 쉬운 길이 아니었구나' 하는 생각과 함께 여름방학을 맞이했다.

문제아의 요리 노트 1장 〈칼질〉

요리의 기본은 역시 칼질이다. 나도 처음에는 당연히 칼질이 서툴렀고, 어떻게 하면 칼질이 빨리 늘까 고민하면서 냉장고에 있는 모든 식재료를 썰어댔다. 처음엔 마트에서 무를 사다 썰었고, 집에 있던 애호박을 썰어서 그대로 버렸다가 아버지에게 등짝을 맞기도 했다. 돈도 들이지 않고 식재료도 버리지 않고 칼질 연습을 할 수는 없을까 고민하다가 아이디어가 떠올랐다. 바로 밀가루 반죽! 밀가루에 물을 섞어 반죽해 얇게 편 다음 칼로 썰고 다시 뭉쳐서 써는 방법으로 무한 칼질 연습을 할 수 있었다. 그렇게 내 손과 밀가루 반죽을 수없이 썰고 베다 보니 약 두 달이 지난 뒤에는 어느새 칼질에 능숙해졌다.

Boy, Good Luck!

이 여름방학 때 나의 요리 인생이 송두리째 바뀐 것 같다. 여름방학이 시작되자마자 조리기능사 자격증 학원에 등록했다. 한식과 양식 조리기능사 시험을 준비하면서 처음으로 목표 의식이 생겼고, 진짜 잘하고 싶었다. 우리 학교에서만큼이라도 톱을 찍어보고 싶다는 마음으로 요리 공부에 매진했다. 그렇게 하루에 8시간씩 유튜브나 요리책을 보면서 공부했는데, 가장 열심히 본 영상은 영국 고든 램지 셰프의 영상이었다. 그 당시에는 셰프들의 요리 영상이 많았던 시절이 아니었고 유튜브도 활성화되어 있지 않아(2013년경) 선택권이 많지는 않았다. 심지어 자막도 없었기 때문에 알아듣지 못하는 영어 레시피를 눈으로 담아 노트에 한글로 적었다. 거기에 나만의 킥을 더하고 한국에서 구할 수 있는 재료로 대체하면서 요리에 대한 지식이 빠르게 쌓였던 것 같다.

그렇게 약 두 달간의 폐관 수련 시간을 거쳐 여름방학 두 달 동안 한식과 양식 조리기능사를 한번에 따버렸고, 교내에서 열린 요리 대회에서 전 학년 2등, 1학년 중 1등을 차지하며 '나도 해낼 수 있구나', '나에게도 길이 있었고, 요리를 통해 내 열정과 목표를 담아낼 수 있겠구나'라는 생각을 생전 처음 하게 됐다. 매일매일 행복한 날이 이어졌다. 중고등학교 내내 답답한 방 안에서 혼자만의 시간을 보내며 아무런 목표도 없이 시간만 때우던 삶에서 명확한 목표를 가지고 움직이는 삶으로의 변화는 내 인생에 괄목할 만한 변화를 가져왔다. 항상 소심하고 눈치를 많이 보는 성격이었는데, 이 분야에서 어느 정도 잘할 수 있겠다는 생각이 드니 자신감이 차올랐고, 조금 더 적극적인 성격으로 변했다.

토양의 완성

그렇게 대학교에서 4년이라는 시간을 보내면서 한식, 양식을 시작으로 모든 자격증을 취득하고, 와인과 차뿐 아니라 다양한 분야의 공부와 경험을 쌓는 기반을 다졌다. 그뿐만 아니라 고든 램지 셰프의 영상을 자막 없이 수년간 시청하다 보니 자연스럽게 영어에도 귀가 트여 영어권에서 살아본 적이 없음에도 원활하게 영어를 구사할 수 있게 되었다. 보통 요리를 시작하는 어린 꿈나무들 혹은 학생들이 가장 고민하는 부분이 대학교에 진학할 것인가, 바로 현장에 뛰어들 것인가, 아니면 유학을 떠날 것인가 하는 것이다. 개인적인 견해로는 대학교에서 보낸 4년간의 시간이 굉장히 유효했고, 셰프로서의 길에도 큰 자양분이 되었기 때문에, 물론 개인차가 있겠지만, 이 방향을 추천하고 싶다. 큰 탑을 쌓기 위해서는 단단한 토양이 필요하다. 토양이 부실하거나 탑의 기초가 부실하다면 결국 무너지게 마련이다.

문제아의 요리 노트 2장 〈인터넷으로 하는 요리 공부〉

21세기는 유명한 셰프 밑이나 가게에서 설거지부터 시작해 10년, 20년간 고생하면서 레시피와 스킬을 눈동냥으로 배워 독립해 가게를 차리던 20세기와는 다르다. 인터넷에서 전 세계 레시피를 한눈에 찾을 수 있고, 유튜브의 세상이 오기 전에도 수많은 세계 유명 셰프들의 요리 팁과 레시피를 배울 수 있었다. 나는 인터넷과 유튜브라는 매체를 통해 정말 많은 요리 관련 지식과 열정을 배울 수 있었다. 스마트폰과 유튜브가 없었다면 지금의 나도 없었을 것이다. 지금은 워낙 많은 요리 관련 채널이 있지만 내가 과거에 봤던 영상을 공유해보고 싶다.

- Alton Brown - Good Eats
- Gordon Ramsay - Ultimate Cookery Course
- Heston Blumenthal - Heston's Perfect Series

번데기 취사병

4년간의 대학 시절이 닥치는 대로 나뭇잎을 먹어치우는 애벌레 시절이었다면, 군대에서는 21개월간 번데기처럼 날개를 펼 준비를 했다. 국방의 의무를 다하기 위해 군대에서 21개월이라는 시간을 가장 알차게 보내려면 전공인 요리 실력을 쌓아야겠다고 생각했다. 그래서 취사병에 지원해 연천의 5포병 여단에서 매일 150명의 식수 인원에게 세 끼를 제공하며 군 복무를 하게 되었다. 군 생활은 길고 지루했으며 개인주의 성향이 강한 나에게는 적응하기가 쉽지 않았지만, 요리 덕분에 버틸 수 있었다. 취사병 생활을 하면서 매일 칼을 잡으며 재료 손질을 하고 다양한 한식을 요리하면서 손이 점점 빨라졌고, 병사들의 피드백도 받으며 하루하루를 보냈다. 중간에 비는 시간에는 항상 요리책을 읽으며 공부했다. 마침 그때 〈냉장고를 부탁해〉라는 프로그램이 처음 방영되어 선풍적인 인기를 끌었고, 다양한 스타 셰프의 탄생과 '쿡방'의 인기를 지켜보며 나도 나중에 꼭 저런 셰프들과 어깨를 나란히 하는 유명한 요리사가 되겠다는 다짐을 하며 남은 군 생활을 보냈다.

문제아의 요리 노트 3장 〈요리책 보기〉

영상뿐 아니라 요리 관련 서적도 많은 도움이 되었다. 당시에는 처음으로 스타 셰프라는 직업이 생기며 최현석 셰프님과 샘킴 셰프님 등 다양한 셰프들의 요리 서적이 출간되었고, 해외에서는 파인 다이닝과 미슐랭 레스토랑 분자 요리 등이 크게 유행했다. 나는 매달 광화문 교보문고에 가서 해외 서적 중 예술 코너에 있는 요리 서적을 모았다. 무겁고도 비쌌지만 용돈을 모아 하나둘 책을 사 읽었다. 바닥이 단단하지 않으면 탑을 쌓을 수 없다. 그리고 요리사의 바닥은 요리에 대한 지식과 공부다. 다양한 분야에 대한 연구와 이론적인 공부만이 단단한 바닥을 만들 수 있다. 좋은 요리사가 되고 싶다면 칼이 아닌 책부터 잡아야 한다. 책을 보지 않는 요리사는 절대 성공할 수 없다. 이건 확실하다.

- 해롤드 맥기 – 《음식과 요리》
- 카렌 페이지 – 《The Flavor Bible》
- J. 켄지 – 《The Food Lab》
- 르네 레드제피 – 《NOMA》
- DK 퍼블리싱 – 《The Cook's Book of Ingredients》

part 2.
Michelin, Napoli

Mai Paura

ALMA

군대에서 취사병 생활을 하면서 사색도 하고 요리 공부를 계속하면서 유학의 필요성에 대해 진지하게 생각하게 되었다. 내가 동경해오던 많은 셰프님들의 요리와 인생 이야기를 영상과 책으로 보면서, 해외 미슐랭 스타 레스토랑에서 일하는 것에 대한 로망이 생겼다. 그리고 그 시작을 이탈리아에서 하고 싶었다. 서양 음식에 관심이 많았던 나는 서양 음식에서 가장 근본이 되는 지역이라고 할 수 있는 이탈리아를 경험하고 싶었다. 서양 식문화는 기원전 로마 시대에 본격적으로 시작되어 각각 지역에 맞게 지속적으로 발전해 왔다. 따라서 나도 그 식문화의 발달 루트를 따라 이탈리아에서 시작해 전 세계 주방을 돌겠다는 원대한 꿈을 꾸게 되었다.

그러다 군 생활을 절반 정도 했을 때 막연한 꿈을 현실로 옮겨야겠다는 생각이 들었다. 이탈리아 유학이 필요하다는 확신이 들었고, 조심스럽게 어머니에게 말을 꺼냈다. 가정 형편이 넉넉한 편은 아니어서 다소 걱정은 했지만, 어머니께서는 흔쾌히 대출을 받아서라도 학비를 도와줄 테니 열심히 해보라고 응원해주셨다. 나는 감사한 마음으로 전역 후에 이탈리아의 요리 학교 ALMA로 떠나게 되었다.

ALMA는 이탈리아에서 가장 크고 영향력 또한 큰 요리 학교다. 이탈리아 북부 지역인 파르마(Parma)라는 곳에 위치하는데, 나폴레옹 시절에 사용하던 성을 개조해 최신 조리 도구와 기구로 가득 채운 환상적인 장소였다. 파르마는 이탈리아에서도 식재료에 진심인 곳이다. 세계적인 치즈인 파르미자노 레자노(Parmigiano Reggiano)라든지, 유명한 햄인 프로슈토 디 파르마(Prosciutto di

Parma)라든지, 우리가 잘 아는 볼로네세(Bolognese) 라구소스와 생면 파스타의 본고장이기도 하다. 거기에 근처 모데나(Modena)에서는 발사믹(Aceto Balsamico) 식초를 만든다. 이런 환상적인 식재료가 널린 곳에서 이론과 실습 수업을 반복했고, 쉬는 날에는 근처 다른 지역으로 여행을 가거나 견학 수업을 가기도 하며 마음껏 시간을 보냈다. 또 식재료 마트에 들러 평소 접해보지 못했던 현지 식재료를 잔뜩 사서 요리를 했다. 처음으로 생활하는 이탈리아였지만, 새로운 경험과 정신없이 쏟아지는 지식에 파묻혀 지내니 몇 달이 금세 지나갔다.

그렇게 어느덧 현지 레스토랑에 실습을 나가야 하는 시간이 왔고, 다니 메종(Dani Maison)이라는 나폴리의 미슐랭 2 스타 레스토랑에 실무 배치되었다. 이러한 인턴십 시스템은 흔히 주방에서는 '스타지(stage)'라고 표현하는데, 무급으로 일하며 주방 일을 경험하고 보조하는 포지션이다. 인터넷으로 찾아본 레스토랑의 풍경과 메뉴가 너무나 아름다워서 설렜지만 긴장된 마음으로 나폴리로 떠났다. 과연 이탈리아어도 못하고 주방 경험도 거의 없는 내가 잘해낼 수 있을까?

Dani Maison

나폴리에 처음 도착한 순간 가장 먼저 본 장면은 카오스 그 자체였다. 정신없이 어지럽고 시끄러운 오토바이와 자동차의 경적 소리, 그리고 매연과 소리를 꽥꽥 질러대는 행인. 이것이 내가 느낀 나폴리의 첫인상이었다. 나폴리로 떠나기 전 주변에서 조심하라는 이야기를 많이 들었다. 위험하다는 인식도 있었고 소매치기가 많은

데다 치안이 불안정하고 더럽다는, 어떻게 보면 도시 괴담과도 같은 다양한 이야기를 잔뜩 들었다. 그 인식 때문인지 나폴리라는 도시는 나에게 좀 무섭고 겁나는 첫인상을 주었다. 이제 와 생각해보면, 어쩌면 〈흑백요리사〉라는 프로그램을 통해 사람들이 처음 나를 보고 느꼈던 감정과 비슷하지 않을까(거친 인상과 타투, 눈치 보지 않는 거침없는 말투에 시청자분들도 처음에는 나를 보는 시선이 부정적이라는 느낌이 많았던 것 같다)?

나폴리에서 내가 처음으로 일하게 된 다니 메종은 이스키아라는 섬에 위치한 식당이었다. 이스키아는 한국인들에게는 거의 알려지지 않은, 나폴리 근처에서 가장 큰 섬이다. 쉽게 설명하면, 한국 여행자에게 유명한 카프리섬 부근에 위치한, 카프리보다는 훨씬 크고 여러 유럽과 이탈리아 내에서 온 관광객들로 붐비는 아름답고 큰 섬이다. 나중에 안 사실인데, 나폴리 사람들도 여름에는 이스키아로 휴양을 많이 간다고 한다. 그만큼 아름답고 유명한 섬에서 최고이자 유일한 미슐랭 2 스타 레스토랑에서 일하게 된 것이다. 나폴리의 항구에서 티켓을 사서 배를 기다리며 바라본 바닷가의 풍경은 지금도 생생하게 기억난다. 노을이 지고 있었다. 붉게 물든 하늘 속 지는 태양을 바라보며 나는 긴장을 애써 가라앉혔던 것 같다. 뜨거운 여름이었지만 바닷바람 덕에 시원했고, 설레는 마음 때문인지 오히려 몸이 조금 떨리면서 춥게도 느껴졌다. 그렇게 1시간 정도 흔들리는 배에 몸을 싣고 이스키아로 떠났다.

이스키아에 도착하니 함께 일할 직원들이 마중 나와 있었다. 본인을 농부라고 부르라던, 키가 작고 눈이 푸른 북부 촌동네 출신 안토니오, 로마 시대 조각상처럼 생긴 키가 크고 곱슬인 밀라노 출신의 야코보, 그리고 레스토랑의 헤드 소믈리에이자 비건인 다미

나폴리 시절 일했던 레스토랑

아노 삼총사였다. 처음으로 이탈리아 친구들과 함께 만나는 자리였고 나는 친화력이 좋은 편은 아니라 약간 어려워하고 있었는데, 이들은 처음 만난 (특히 아시아인인) 나에게 스스럼없이 먼저 다가와 마치 오래 알고 지내던 친구처럼 자연스럽게 대해주었다. 가볍게 달빛이 쏟아지는 섬의 곳곳을 소개해주고 피자와 맥주도 한잔하며 간단히 환영식을 해주었다. 친근했던 이들의 환대 덕분인지 긴장이 조금은 풀렸다. 덕분에 피곤한 몸과 머리를 침대에 눕히자마자 잠이 들 수 있었다. 체감상 5분밖에 지나지 않은 것 같았는데, 시끄러운 알람 소리가 첫 출근을 응원하며 나를 깨웠다.

처음 출근하는 날 가장 먼저 눈에 들어온 것은 반짝반짝 광이 나는 주방이었다. 레스토랑은 생각보다 아담했지만 주방의 모든 기물이 반짝반짝 광이 났다. 그때는 몰랐다. 앞으로 이 광을 내가 매일같이 내야 한다는 것을. 출근하자마자 배치된 곳은 디저트 파트였다. 원래 이 레스토랑에는 막내 스타지가 디저트 파트에서 일을 시작해야 한다는 룰이 있었고, 나는 어쩔 수 없이 몇 달간 디저트에만 매달려야 했다. 솔직히 그 당시에는 디저트에 관심이 없었기에, 요리를 배우러 여기까지 온 내가 왜 디저트 파트에서 일해야 하는지 의문스럽고 짜증이 나기도 했다. 하지만 이탈리아 내에서 아름답고 창의적인 디저트를 내는 곳으로 유명했던 곳이라 많은 손님들이 디저트를 받고 기뻐하고 감동하는 모습을 지켜보며 이곳의 디저트 기술을 모조리 흡수하겠다는 마음가짐으로 열정적으로 임했다. 결국 이때의 풍부한 디저트 경험은 수년이 지난 지금, 나폴리 맛피아의 시그너처 '밤 티라미수'까지 이어지게 되었다.

그리시니 grissini

설레고도 긴장되는 첫 출근날 나에게 주어진 첫 업무는 바로 그리시니(grissini)였다. 그리시니는 이탈리아의 길고 단단한 빵인데, 대부분의 이탈리아 현지 파인 다이닝에서는 그리시니가 웰컴 디시와 식전빵 사이에 나온다. 파인 다이닝의 기본 중의 기본이자 코스의 시작을 알리는 중요한 역할을 하는 음식이며, 셰프의 터치를 약간 가미해서 그 레스토랑의 정체성이나 콘셉트를 나타내는 역할도 한다. 다니 메종에서는 무려 3개의 그리시니를 제공했는데, 1. 로즈메리 그리시니 2. 세몰리나 플레인 그리시니 3. 꽈배기 모양의 그리시니였다. 이 3개의 그리시니를 반죽부터 발효, 성형, 그리고 굽기까지 혼자서 해내야 했는데, 당연히 처음에는 익숙지 않아 굉장히 욕을 먹었다.

그리시니는 처음 만들어보는 빵이었고, 굉장히 얇고 길게 뽑아내야 했기 때문에 난도가 높은 편이었다. 그렇게 일주일에 세 번씩 그리시니를 구워내다 보니 약 한 달이 지난 후에는 그곳에서 그리시니를 가장 잘 만드는 요리사가 되어 있었다. 요리와 베이킹은 재능도 중요하지만, 노력이 가장 중요하다. 노력만 더할 수 있다면 누구나 그럴싸하게 만들 수 있다.

섬세함과 스피드는 누가 가르쳐줄 수 있는 요소는 아니지만, 노력으로 충분히 커버할 수 있다고 생각한다. 한국의 이탤리언 레스토랑에서는 그리시니를 직접 만드는 경우가 흔치는 않지만, 뒤에서 소개할 레시피를 통해 널리 알려져 국내 많은 레스토랑에서 각각의 개성을 지닌 그리시니가 탄생하면 좋을 것 같다.

파스타 에 파타테 pasta e patate

모든 레스토랑에는 스태프 밀이 있다. 다니 메종도 마찬가지였다. 굉장히 바쁜 레스토랑이었고, 인원이 항상 부족했기에 우리는 쉬는 시간도 없이 하루 16시간씩 주 6일간 일했다. 우리에게 주어진 쉬는 시간은 오로지 직원 식사 시간 15분뿐이었다. 점심 식사 15분과 저녁 식사 15분. 하루 중 유일하게 숨을 돌릴 수 있는 시간이었다. 하지만 음식이 그다지 맛있지는 않았다. 모두 너무 바빠서 시간에 쫓겨 직원식을 여유 있게 준비할 시간과 재료가 없었기 때문이다. 특히 점심에는 무조건 매일 파스타를 먹었다.

이탈리아에 온 지 얼마 안 된 시기여서 토핑도 자극적인 맛도 없는 심플한 숏 파스타는 너무 먹기가 힘들었고 거의 억지로 입에 쑤셔 넣었다. 처음 한 달 정도는 입맛이 없어 잘 안 먹다가 한 달 만에 무려 8킬로그램이 넘게 빠져버린 탓에 말 그대로 살기 위해서 억지로 두 접시씩 먹었다. 같이 일하던 동료들도 내가 먹는 양을 보곤 놀려댔지만 어쩔 수 없었다. 거울 속 내 모습이 거의 기아에 가까웠기 때문이다(하지만 지금은 그때의 날씬하고 날렵했던 모습이 그립기도 하다). 아무튼 파스타 에 파타테는 나폴리에서 가장 정통적인 파스타로, 감자와 파스타를 비벼 먹는 굉장히 서민적이고 저렴한 파스타다. 이 파스타를 현대적으로 재해석해서 내놓는 게 다니 메종의 시그너처 요리이기도 했다. 뒤의 레시피 소개에서는 우리가 직원식으로 먹던 클래식에 가까운 스타일로 요리를 해보려고 한다.

모든 레시피에는 정통이 있다. 이것을 완벽하게 숙지해야 다음 단계로 넘어가 자신만의 창의력으로 응용해 셰프의 컬러를 가미할 수 있다. 역시 기본이 중요하다.

그랑 크루도 grand crudo

나폴리는 이탈리아 최대의 해양 도시다. 따라서 고기나 치즈를 사용한 요리보다는 해산물 베이스의 요리가 많다. 다니 메종도 마찬가지였다. 그 영향으로 지금 내 레스토랑도 해산물이 70퍼센트 이상의 비율을 차지한다. 지중해의 풍성한 해산물을 활용해 요리했던 그 순간이 그렇게 소중하고 행복한 시간인 줄은 한국에 돌아와서야 알았다.

특히 스캄피(scampi, 집게 달린 새우)와 감베로 로소(gambero rosso, 지중해 붉은 새우)는 세계 최고의 품질을 자랑했고, 내가 가장 좋아하는 식재료이기도 했다. 달고 고소하고 고급스러운 감칠맛이 폭발하는 이 새우들은 사실 날로 먹는 게 가장 맛있다. 고급 새우를 활용한 타르타르는 세계 최고의 파인 다이닝에서도 먹을 수 있고, 저렴한 어촌 식당에서도 찾을 수 있는 만인의 메뉴다.

다니 메종에도 역시 이 메뉴가 있었다. 우리의 니노 셰프님은 언제나 이름을 재밌고 유쾌하고 센스 있게 짓는 것

을 좋아하셨다. 프랑스의 와인 등급 체계 중 가장 높은 게 그랑 크뤼(grand cru)다. 그리고 이탈리아어로 날 해산물은 크루도(crudo)라고 불렀다. 이 둘을 합쳐서 고급 그랑 크뤼급 날해산물이라는 의미로 '그랑 크루도(grand crudo)'라는 이름을 붙였다.

〈흑백요리사〉 우승 이후 6년 만에 만난 나폴리 니노 스승님

이탈리아의 파인 다이닝은 이렇게 센스 있는 이름을 짓는 것을 좋아한다. 따라서 나도 지금은 이런 식으로 이름을 짓곤 한다. 하지만 평범하지 않은 이름에 손님들이 당황하고 혼란스러워하는 경우가 꽤 있다. 메뉴명이 직관적이지 않고 추상적이다 보니 이탈리아에 대해 잘 모른다면 어떤 재료를 넣었는지 질문하곤 한다. 하지만 이것도 이탈리아, 특히 나폴리의 음식을 알아가며 맛있게 음미하는 방법 중 하나라고 생각한다.

오늘도 점심은 욕 한 사발

노동 강도가 생각보다 높았다. 기본적으로 9시부터 다음 날 새벽 1시까지 일하는 날이 많았다. 평균 하루 14~16시간 동안 일만 했다. 무척 더운 곳에서, 더욱이 앉아서 하는 일이 아니었다. 게다가 나는 주방 일과 이탈리아어에 익숙하지 않았기에 매일매일이 위기이자 고비였다. 이때 무릎과 발목 부상을 입었지만 진통제를 맞고 출근했다(그래서 그런지 지금도 가끔 무릎이 쑤실 때면 이때를 돌아본다).

하루도 욕을 먹지 않은 날이 없었지만 그럴 때마다 스스로를 위로하며 앞으로 나아갔다. 욕을 먹어도 바로 털어버리고 부족한 부분을 최대한 빠르게 보충하려고 노력했다. 이탈리아어 공부도 부지런히 했다. 그렇게 몇 달이 지나다 보니 일이 손에 잡히기 시작했다. 어느덧 다른 직원들이 중간중간 필요한 게 뭔지 먼저 알고 준비할 수 있게 됐다. 그렇게 조금씩 인정받고 욕을 덜 먹게 되니, 몸은 여전히 힘들었지만 마음은 무척 즐거워졌고 다른 것들도 배우고 싶어졌다. 그렇게 익숙해지고 동료들과 정이 드니 이별이 찾아왔다.

익숙해진다는 것은 떠날 시간이 되었다는 의미다. 멈춰 서서 익숙함을 즐기는 순간 성장은 멈춘다. 바퀴는 계속 돌아야 녹이 슬지 않는다.

Three Stars, Le Calandre

나폴리에서 잠깐 꿀 같은 휴가를 보내고 북부 이탈리아로 떠나게 되었다. 베네토라는 지역의 미슐랭 3 스타 레스토랑 레 칼란드레(Le Calandre)에서 스타지를 하게 된 것이다. 나는 또다시 설레는 마음으로 새빨간 기차에 몸을 싣고 4~5시간을 이동해 북부에 있는 베네토로 떠났다.

나폴리의 레스토랑과는 느낌이 상당히 다른 곳이었다. 조금 더 규모가 크고 직원도 훨씬 많았으며, 분위기가 화기애애한 편이었다. 주방 분위기는 지역 차도 있었겠지만, 대부분은 셰프의 성향 차이가 크다. 나폴리의 레스토랑 셰프님은 성격이 굉장히 예민하고 포악했다. 마음에 안 드는 게 있으면 바로 나폴리 사투리로 욕이 날아오고, 냄비와 프라이팬이 날아다녔다. 우리가 흔히 보아온 고든 램지 정도까진 아니지만, 심하긴 했다. 그러다 보니 직원들도 지쳐 있고 주방 분위기가 다소 삭막했는데, 물론 그런 긴장된 분위기에서 조금 더 완성도 높은 음식이 나오고 더욱더 빠르게 성장할 수 있다. 이곳은 무려 주 5일 근무! 주 5일 근무라니, 일단 그것부터 너무 감개무량했다. 근무 시간은 비슷했지만 중간의 휴식 시간도 어느 정도 지켜지는 편이었다. 이탈리아에서도 노동 강도가 가장 높은 곳에서 온갖 수모를 당하며 버텼던 내가 이 레스토랑에 적응하는 것은 그렇게 힘든 일이 아니었다. 처음에는.

미슐랭 3 스타 주방의 일상

레 칼란드레에서는 출근하면 전날 남은 크루아상과 모카커피를 먹는다. 고소하고 향기로운 커피와 함께 걸어 다니면서 한입씩 먹는데, 그게 아침 식사다. 점심으로는 점심 서비스 직전인 12시쯤에 맛없는 파스타를 먹었다. 토마토에 대충 비빈 파스타의 한 종류였고 단백질은커녕 치즈조차 없었다. 입에 10개 정도 대충 쑤셔 넣고 다시 일하러 가야 했다. 앉아서 먹는 경우도 거의 없고, 일어서서 1분 안

지오반니와 함께

에 식사를 끝내거나 아예 스킵하는 경우도 많다. 밥을 먹는 거라고 할 수 없었다. 알아서 대충 눈치껏 먹어야 했다. 처음에는 이런 시스템으로 식사하는지 몰랐다. 아무리 기다려도 밥 먹으라는 말이 없어서 첫 3일은 점심을 굶었다. 그나마 저녁은 꽤 성대하게 차리는 편이라 괜찮았다. 남은 식재료를 활용해 다양한 고기 요리와 탄수화물, 샐러드까지 넉넉하게 준비했다. 저녁에 뭐가 나올지 기다리는 재미도 있었고, 토요일은 무조건 피자를 먹었는데, 이 또한 별미여서 기다려졌다.

칼란드레 사람들

칼란드레에서 함께 일한 직원들 중 지오반니는 나와 동갑인 친구였다. 스물셋이나 넷밖에 되지 않았음에도 실력과 리더십, 솔선수범하는 모범적인 자세 덕분에 미슐랭 3 스타 레스토랑에서 넘버 3 위치에 있었다. 이 친구에게 정말 많이 배웠다. 보통 어느 주방에나 리더는 있지만, 모두가 이렇게까지 따르며 존중하고 말을 잘 듣는 경우는 보지 못했다. 지오반니는 언제나 솔선수범하면서 본인 일과 요리도 잘하고 스타지도 잘 챙겼으며, 조금이라도 연차가 있는 친구들이 게을리하거나 청소를 하지 않으려고 하면 바로 제재했다. 이 친구를 보며 참된 리더가 어떤 것인가에 대해서 많이 배우긴 했지만 바로 적용하지는 못했다. 내가 잘할 수 있는 분야는 아니라고 생각했기 때문이다. 여전히 나는 리더십이 있거나 내 직원들을 잘 이끄는 편은 아니다. 동물은 좋아하지만 사람들은 그렇게 좋아하지 않아서 그랬던 것 같다.

팀 칼란드레 로베르토와 알베르토

마이 파우라^{mai paura}

트레비소에서 온 알베르토라는 친구도 있었다. 키가 거의 2미터에 육박하는 마른 친구였는데, 내가 힘들게 요리하지 말고 한국 와서 모델하라고 할 만큼 잘생기고 키도 컸다. 요리 실력은 다소 모자랐지만, 성격이 굉장히 좋았다. 나와 같은 스타지였지만, 초반부터 굉장히 잘 챙겨줬고 항상 '마이 파우라(mai paura)'라는 응원의 메시지를 남겨줬다. mai paura는 영어로 직역하면 no fear, 즉 겁먹지 말라는 뜻이다. '겁먹으면 아무것도 이룰 수 없다', '무조건 도전해라, 실패해도 상관없다'라는 의미인 셈이다. 물론 알베르토가 가장 많이 이야기해주기는 했지만, 거의 대부분의 이탈리아 친구들이 입에 달고 사는 말이었다. 이 문장이 나의 이탈리아 생활, 그리고 요리사로서의 생활에 많은 영향을 주었다. 지금도 내 좌우명이자 우리 가게의 슬로건이다.

실패를 두려워하지 마라. 겁을 먹고 덤비지 않으면 아무것도 얻을 수 없다. 항상 고개 들고 당당하게 나아가라. 그렇다면 너는 모든 것을 해내고 얻을 수 있을 것이다. 마이 파우라.

이 문장을 스스로 되새기며 후에 가게를 차릴 때도, 〈흑백요리사〉에서 수많은 명인과 경쟁할 때도, 방송에 출연할 때도 긴장되는 모든 순간, 걱정되고 고민되는 모든 순간 내 입술은 스스로 모양을 그려냈다.

'Mai Paura.'

Korean Food Day

지금이야 전 세계가 한류와 한국 음식 열풍에 휩싸였지만, 이때만 해도 한국 문화가 그다지 알려지지 않았을 때다. 그나마 김치 정도. 그래서 어느 날 식사 시간, 스태프 밀로 아예 각 잡고 한식을 만들어주기로 했다. 다들 기대하기 시작했다. 지오반니는 필요한 재료가 있으면 요청하라며 잘 부탁한다고까지 했다.

이날 내가 만든 메뉴는 프라이드치킨, 양념치킨, 갈비찜, 간장볶음밥, 겉절이 등이었다. 보통은 비빔밥이나 김치를 넣은 음식을 해야 하는 것 아니냐고 생각할 수 있는데, 내 생각은 달랐다. 전통적인 한식도 중요하지만 실제로 지금 한국 사람들이 뭘 제일 많이 먹는지 생각해보면 삼겹살, 치킨, 갈비 정도이고 내가 가장 맛있다고 생각하는 요리도 이런 종류였다. 외국인 입맛에도 잘 맞을 것 같아서 3~4시간에 걸쳐 한식 파티를 준비했다. 결과는 대성공. 역대 그 어떤 스태프 밀보다 반응이 좋았다. 특히 갈비와 양념치킨은 미친 듯이 먹어댔다. 서로 더 먹겠다고 싸울 정도였다. 정말 뿌듯했다. 평소 홀 직원들과는 접점이 별로 없어서 대화를 잘 못했는데, 이날 이후로 홀 직원들 누구를 만나든 나한테 한식 더 해주면 안 되냐고 졸라대서 조금은 친해질 수 있었다. 급기야 그 음식을 잊을 수 없다고, 다음에 한국에 꼭 가봐야 할 것 같다고 나를 볼 때마다 빨리 한국 음식을 다시 해달라고 졸라대는 탓에 나는 그저 웃어 넘길 수밖에 없었다.

그렇게 칼란드레에서의 생활에 익숙해졌다. 그 말은 곧 이제 또 떠날 때가 되었다는 말이기도 했다.

part 3.

Via Toledo

My Signature

고든 램지를 만나다

이탈리아 생활을 마치고 한국에 돌아와 바로 사업을 시작한 것은 아니다. 유학을 마치고 돌아온 후에도 대학교 4년 중 1년 정도가 남아 있었기 때문에 졸업부터 한 뒤에 바로 영국 런던으로 떠나 세계적인 요리사 고든 램지 셰프님의 레스토랑에서 일하려고 했다. 고든 램지 셰프님은 내가 요리를 처음 시작한 순간부터 최초이자 최고의 스승이었다. 요리에 대해 아무것도 모르던 스무 살 요린이 시절, 그의 유튜브 영상을 보며 요리란 어떤 것인지 배웠고, 파인 다이닝과 셰프가 갖추어야 할 기본 덕목과 지식을 공부할 수 있었다. 열정과 완벽함에 대한 추구 등 좋은 요리사 혹은 사업가라면 반드시 가져야 할 태도와 정보 또한 그를 통해 배웠다.

더욱이 나에게는 영어 선생님이기도 했다. 영어를 잘 못하던 시절, 하루 6시간, 길게는 10시간씩 그의 유튜브를 자막 없이(일부러가 아니다. 이때는 자막이 없었다) 보면서 어떻게든 알아듣기 위해 그의 목소리와 발음에 최대한 귀를 기울였다. 그러다 보니 6개월 정도 후에는 그의 말과 레시피를 80퍼센트 이상은 이해할 수 있게 되었다. 이렇게 우상으로 삼은 그의 밑에서 배우고 싶다는 이유 하나만으로 다시 런던으로 떠나려던 나였다. 그런데 그런 나의 목표이자 롤 모델인 그를 한국에서 만나게 될 줄이야.

고든 램지 셰프님이 한국을 처음으로 방문한 것은 2017년이었다. 당시 한국의 맥주 회사와 광고 계약을 체결하고 한국을 방문했는데, 우연히 맥주 회사에서 진행한 이벤트에 당첨되어 10여 명의 사람들과 함께 고든 램지 셰프님과 삼겹살을 먹으며 짧게나마 이야기할 기회가 생겼다. 처음 본 그의 모습은 큰 키에 온몸에서 카리스마와 오라가 뿜어져 나

왔고, 롤 모델을 직접 마주한 나는 긴장한 채 그대로 얼어버렸다. 그러다 용기를 내서 그와 간단한 대화를 나눴다. 내 인생에서 가장 떨리는 순간이었다. 고든 램지 셰프님의 영상을 보며 공부한 영어 능력이 기회의 창을 열어주었다. 그날 나눈 대화는 수년이 지난 지금까지도 생생하다.

고든 램지
"무슨 일을 하나요?"

요린이 권성준
"저는 요리 학교 3학년생입니다. 열심히 공부하고 있어요."

고든 램지
"목표가 뭔가요? 나중에 하고 싶은 일이 뭐죠?"

요린이 권성준
"당연히 당신처럼 되는 게 제 꿈이자 목표죠. 당신은 제 롤 모델이에요."

고든 램지
"매니저, 내 명함 좀 가지고 와요. 명함을 줄 테니 나중에 일하고 싶다면 연락해요. 당신의 연락을 기다리고 있겠습니다."

그렇게 그와의 만남은 빠르게 끝났다. 이후 실제로 메일을 주고받으며 취직과 인터뷰를 준비했으나 비자를 획득하는 과정에서 운이 좋지 않아 계속 비자 취득에 실패했다. 영국 워킹 홀리데이는 1년에 한 번 약 50퍼센트의 확률로 랜덤 인원을 뽑는데, 2년 연속 운이 좋지 않아 결국 영국으로 가지 못해 절망하던 무렵, 뉴스는 코로나19 소식으로 도배되기 시작했다.

Road to Via Toledo

결국 영국행 티켓은 끊지 못했지만 나는 학교에 취업계를 내고 연남동의 한 식당에서 일을 하기 시작했다. 그 식당은 오픈 준비 중이라 공사조차 끝나지 않았는데, 나는 그곳에서 헤드 셰프이자 총책임자로 일하게 되었다. 어린 나이와 짧은 경력에도 그곳 사장님은 나를 믿어주었기에 그 믿음에 보답하기 위해 온힘을 다해 노력했다. 모든 식재료를 까다롭게 검수하고 소스와 빵을 직접 만들고 연구하면서 성공적인 오픈을 이끌었다.

사장님은 요식업에 대한 경험이 전혀 없었기 때문에 나는 식당의 모든 일을 직접 관여하게 되었고, 홀 서버 아르바이트나 주방 직원을 뽑는 인력 관리부터 레시피 및 신메뉴 개발, 재고 관리, 청소와 설거지, 사업과 매출 분석에 SNS 관리까지, 사실상 내 가게처럼 맡아서 열심히 일했다. 그 노력은 배신하지 않아, 식당은 성공적으로 상승 궤도에 올랐다. 주말에는 길게 웨이팅을 해야 하는 연남동 맛집으로 손꼽히게 된 것이다. 이 과정에서 나에겐 자신감이라는 큰 힘이 생겼다. 요식업에 대한 자신감, 그리고 노력은 배신하지 않는다는 또 하나의 자신감. 여기에 요리 실력까지 더해진다면 내가 가게를 차려도 성공할 수 있겠다는 생각에 이르렀다.

내 인생의 첫 고양이 보미

나는 어릴 때부터 동물을 좋아했다. 그래서 강아지를 키우는 게 꿈이었는데, 부모님은 동물은 절대 못 키우게 하셨다. 내 집도 아니고 부모님을 설득하는 것도 쉽지 않았기 때문에 성인이 되면 바로 독립하리라 다짐했다. 실제로 성인이 되고 나서는 사실상 본가를 떠났다고 보는 게 맞을 것 같다. 집을 떠나 군에 입대하고 바로 유학을 갔고, 유학을 다녀온 뒤에는 연남동에서 바로 자취를 시작했다.

당시 연남동 자취방 앞에 작은 게스트하우스가 있었는데, 그 근처 작은 플라스틱 집에 검은색 고양이가 살았다. 그 친구가 바로 내 인생 최초의 고양이이자 첫사랑, 그리고 비아 톨레도 가게의 로고가 되었고 내 왼팔에 타투로도 그려진 소중한 보미다. 보미는 연남동 길냥이로 길에서만 9년 정도 살았던 친구다. 원래는 게스트하우스의 마스코트로 실내와 외부를 마음대로 다니며 거리를 누비던 골목대장이었으나, 게스트하우스 사장이 두어 번 바뀌면서 결국 밖으로 쫓겨나다시피 방치되었다. 그래도 특유의 친화력 덕에 많은 사람들의 보살핌과 예쁨을 받았고, 나와도 가까워졌다.

연남동에서 보미와

보미는 내가 처음 만진 고양이였고, 연남동에서 1년 반 정도 살면서 많이 가까워져 의지하게 되었다. 나는 누군가에게 고민이나 힘든 점을 말하지 못하고 혼자 끙끙 앓는 편인데, 보미라는 친구를 만나고 나서부터는 그 아이에게 마음을 털어놓았다. 그러면 보미는 온화한 눈빛으로 날 위로해주었다. 낮이나 밤이나 보미가 보고 싶을 때 거리로 나가 이름을 부르면 어디선가 애옹애옹 대답하며 위풍당당하게 나타났고, 그러면 나는 보미를 만져주고 밥도 주고 털도 빗어주며 함께 놀곤 했다.

그러다 어느 날 게스트하우스 주인을 만났는데, 주변에서 민원이 많이 들어와(보미가 여기저기 똥을 싸고 냄새난다고) 다른 곳으로 보내든지 보호소에 강제로 가둬야 할 것 같다고 했다. 나는 그 말을 듣자마자 망설임 없이 내가 데려가겠다고 했다. 그러나 내가 살던 연남동 자취방은 원룸이어서 동물을 키울 수 없었기에 동물을 키울 수 있는 좀 더 큰 자취방을 급히 구해 바로 이사를 갔다. 이때 보호소에서 안락사될 예정이던 유기묘 아라라는 친구를 같이 구조하면서 고양이 집사이자 연남동 레스토랑 오너 셰프 생활이 본격적으로 시작되었다. 이후 첫 사업의 어려움을 겪을 때도 보미와 아라에게 위로받곤 했다. 보미를 가게 로고로 삼은 이유는 연남동 골목대장이던 보미처럼 '우리 가게가 연남동 거리를 씹어 먹겠다!'라는 당찬 포부를 담아내기 위해서였다. 그러나 나의 첫사랑 보미는 길에서 보낸 10여 년의 세월이 고되었던 탓인지 금세 내 곁을 떠나고 말았다.

Via Toledo Pasta Bar

그렇게 코로나가 한창이던 2021년, 모두가 봉쇄와 인원 통제로 불편을 겪던 그때 나는 나만의 브랜드이자 첫 레스토랑 비아 톨레도 파스타 바(Via Toledo Pasta Bar)를 창업하기로 결심한다. 물론 대단히 좋은 타이밍은 아니었다. 하지만 지금이 아니면 안 된다는 생각뿐이었다. 당시 한국 요식업의 최고 키워드와 관심사는 생면 파스타와 오마카세였다. 한국에서 가장 핫한 오마카세와 파스타를 합쳐 '파스타 오마카세' 같은 콘셉트의 가게가 조금씩 생겨났고, 대부분의 파스타 바가 성공할 때였다. 나는 철저하게 다른 파스타 바, 요식업 시장과 전망, 그리고 소비자 심리를 분석했다. 그렇게 연남동에 문을 연 비아 톨레도 파스타 바는 오픈하자마자 화제의 중심이 되며 대박이 났다. 그리고 현재까지 약 4년이라는 시간 동안 만석 행진이 계속되었다.

이 식당을 시작한 첫 1년은 나의 부족함을 스스로 깨닫는 시간이었다. 1년이 넘는 시간 동안 마치 혼자서 폐관 수련의 시간을 가진 것 같다. 사업도 처음이었는데, 모든 것을 혼자 담당해야 했다. 요리와 와인 서비스에 밑 준비까지 혼자 하며 메뉴 개발과 예약 관리도 내가 다 했다. 그러기 위해서 잠자는 시간만 빼고 모든 시간을 모조리 장사에 쏟아부어야 했다. 내 머릿속에는 오로지 장사와 요리밖에 없었다. 매일 부족함을 느꼈고, 손님들은 계속해서 들어왔다. 그분들을 만족시키고 싶었고, 나와 가게에 대한 기대감을 채워주고 싶었다. 그래서 더욱더 공부하고 노력했다. 스스로를 가게에 가두고 NPC처럼 살았다. 밥도 가게에서 먹고 잠도 가게에서 잤다. 어떻게 해서든 가게를 성장시키면서 나도 더 발전하고 싶은 마음뿐이었다. 그렇게 어느새 1년이 지났다.

보미의 얼굴에 나폴리 풀치넬라
가면을 씌운 비아 톨레도 로고

part 4.
White or Black?

I am Both

사업병

가게를 오픈한 지 불과 1년 만에 꽤 큰돈을 벌게 되었다. 혼자서 일하는 데 비해 매출액이 높아서 순수익이 좋았다. 그러자 내 급한 성격이 발동되기 시작했다. 사업병 초기 증상이었다. 하나 성공시키면 뭘 하든 다 잘될 것같이 느껴지는 그 무서운 병. 이 사업병은 초기에 잘 잡아야 한다. 안 그러면 평생 여기서 헤어나오지 못하는 경우도 많이 봤으니까.

아무튼 그렇게 나는 2호점 오픈을 준비했다. 몸은 하나였지만 '어떻게든 되겠지'라는 마이 파우라 정신 하나만으로 피자집과 카페를 고민하다가 결국 카페를 차리게 되었다. 나폴리 현지 스타일의 에스프레소 바를 차려보자는 일념 하나만으로 오픈했으나 오픈을 준비하고 인테리어를 하면서, 또 가게를 운영하면서부터 뭔가 잘못되었음을 느꼈다. 최대한 돈을 아끼려다 보니 인테리어는 마음에 들지 않았고, 우선 위치부터 최악이었다. 당시 코로나19가 사그라들고 거리 두기가 해제된다는 기대감으로 연남동 상권이 뜨거워지기 시작할 때라 카페를 할 만한 자리가 도저히 없었다. 따라서 구석진 곳에 카페를 차리게 되었고, 결과는 당연히 참혹했다.

내가 잘못된 곳에 잘못된 콘셉트로 카페를 차렸다는 사실을 깨닫는 데는 긴 시간이 걸리지 않았다. 오픈한 지 딱 두 달 만에 이상을 느꼈다. 이땐 가게 두 곳을 오가며 운영하느라 체력적으로 무리가 왔을 때다. 한 마디로 '현타'를 느꼈다. 이대로 계속하다가는 기존의 파스타 바에도 악영향을 미칠 것 같았다. 큰 손실은 불 보듯 뻔했다. 결국 오픈한 지 6개월 만에 카페는 문을 닫게 됐다. 사업병이 다행히 초기에서 멈춘 것이다. 그래서 그런지 카페를 닫은 게 그다지 우울하거나 힘들지는 않았다. 내가 하면 안 되는 일이라는 걸 깨달아서 그런 건지, 오히려 속이 시원했다.

이때의 경험은 나에게 자양분이 되었고, 고통과 고난이 있더라도 계속해서 도전하는 삶을 살겠다는 다짐을 하게 했으며, 함부로 사업을 크게 확장하면 안 된다는 배움을 얻어 〈흑백요리사〉 이후로도 사업을 무리하게 확장하지 않는 판단을 하는 데 큰 계기가 되었다.

마리

그런데 다른 게 마음에 걸렸다. 이즈음에 새로운 가족을 만나게 됐는데, 지금 기르고 있는 둘째 고양이 마리다. 첫 만남부터 마리는 만삭으로 나타났다. 만삭의 몸으로 힘들게 뒤뚱뒤뚱 걸어와 밥을 얻어먹고 가곤 했다. 손을 타는 아이는 아니었지만 너무 귀엽고 사랑스럽고 안쓰러웠다. 내가 가게를 팔고 떠나면 밥 먹을 곳이 사라지니 그게 가장 마음이 아팠다. 그러다 이런 생각이 들었다. 사람을 극도로 경계하지만, 힘든 길 위에서 임신과 출산을 반복하기보다 집에서 지내는 게 낫지 않을까. 그렇게 가게를 닫는 마지막 날, 마리를 납치(?)해 오는 데 성공했다.

몇 년이 지난 지금도 마리는 손을 타지 않는다. 하지만 같이 사는 고양이 친구들과 잘 어울리며 실내 생활에 완전히 적응했다. 밥도 잘 먹는다. 원래는 근처만 가도 난리가 났는데, 이제는 눈인사나 코인사 정도까지는 허락해주고, 기분이 좋으면 근처에서 같이 자는 것도 허락해준다. 밖에서의 고된 생활보다 낫다면야 만지지 못해도 좋다. 그냥 이 친구들이 안전하고 행복하게 오래오래 살았으면 좋겠다는 바람뿐이다. 마리 말고도 많은 고양이들이 나를 거쳐 갔다. 고양이는 외롭고 고독한 내 삶의 활력소이자 단단한 지지대가 되어주었고, 감정을 공유할 수 있는 믿음직한 친구였다.

아웃될 뻔한 번아웃

카페를 정리한 후 또다시 더 큰 발전을 꿈꾸며 가게를 용산으로 이전했다. 용산으로 간 이유는 서울의 중심부이기도 하고, 앞으로 장기적으로 발전 가능성이 큰 동네라고 생각했기 때문이다. 용산으로의 확장은 성공적이었으나 코로나19가 종식되면서 경기는 급격하게 나빠지기 시작했다. 예상하지 못한 일이었다. 거의 모든 레스토랑의 예약이 텅텅 비었고, 여기저기에서 곡소리가 났다. 문을 닫는 레스토랑이 우후죽순 생겨나면서 우리 가게도 조금씩 영향을 받았다. 불안해졌다. '앞으로 대한민국에서 요식업은 어떤 길을 가야 할까. 나는 살아남을 수 있을까?' 하는 불안감이 덮쳤다.

고민이 점점 더 많아졌고 요리와 장사를 그만둬야 하나 하는 고민도 하게 되었다. 장사가 안되는 편은 아니었지만 장기적으로 봤을 때 경쟁력이 있는가에 대해서 고민했다. 어느 날은 진지하게 법무사나 노무사 같은 전문직 시험을 검색해보기도 했다. 요리를 접는다면 그런 분야로 나가봐도 괜찮을 것 같다고 생각했기 때문이다. 그 정도로 매일매일 예약이 채워질까 하는 불안감과 미래에 대한 걱정으로 너무나 무섭고 힘들었다. 목을 졸라오는 기분이었다. 그만큼 스트레스가 너무 컸다. 벗어나고 그만하고 싶었다. 그러던 차에 SNS에서 재밌고 흥분되는 영상을 보게 됐다.

신이 주신 마지막 기회, 〈흑백요리사〉

〈흑백요리사〉는 우연히, 그리고 운명처럼 나에게 다가왔다. 2023년 11월, 백종원 대표님이 넷플릭스와 요리 서바이벌을 제작한다는 영상을 보았다. 〈피지컬 100〉처럼 100명이 요리로 붙어 1등을 가리자는 의도라고 한다. 정말 우연히 본 영상이었다. 구미가 당겼다. 참가 신청을 받는다고 하길래 바로 신청 준비를 시작했다.

손에 땀이 났고 닭살이 돋았다. 뭔가 신이 내게 주신 마지막 기회 같았다. 요리를 그만두더라도 마지막으로 모든 것을 불사르고 그동안의 노력을 다 발산해보고 싶었다. 하늘이 그러라고 마련해주신 기회의 장처럼 느껴졌다. 그리고 이상하게 이 프로그램에 나가면 잘될 것 같았다. 꼭 나가고 싶어서 어떻게 이력서를 준비할지 고민하고 있던 순간, 전화가 왔다. "요리판 〈피지컬 100〉, 〈무명요리사〉 제작진입니다. 혹시 참가 의향이 있는지요?" 나는 놀랍기도 하고 설레는 마음으로 "안 그래도 그거 이력서 쓰고 있었습니다. 다 작성하면 작가님께 보내드릴게요"라고 하자 작가님도 굉장히 신기해하면서 좋아하셨다. 아마도 이렇게 흔쾌히 하겠다고 말한 셰프는 거의 없었을 것이고, 심지어 자기가 먼저 이력서를 작성하고 있었다고 한 경우도 없었을 것이다. 나는 어차피 잃을 게 없는 상황이었고 안 할 이유가 없었지만 다른 셰프들은 바쁘기도 하고 잃을 것도 많았을 테니, 아직 한번도 방영되지 않은 신규 프로그램에 고민이 많았을 것이다.

어찌 됐건 면접도 보고 여러 방식으로 나름 대회 준비를 시작했다. 워낙 서바이벌 프로그램을 좋아했기 때문에 자신은 있었다. 특히 요리 서바이벌은 안 본 게 없을 정도로 빠삭했다. 그래서 예상되는 기출 문제를 전부 정리했고 요리도 정해놨다. 미션별, 재료별, 테마별로 어떤 문제가 나올지 예측해서 기출 문제를 정리했다. 요리판 〈피지컬 100〉이라고 했으니 〈피지컬 100〉을 열 번이고 스무 번이고 돌려 봤다. 분명히 여기에도 힌트가 있을 것이라고 생각하면서 편집점과 캐릭터 분석, 그리고 내가 어떤 캐릭터를 설정해 재미를 선사할 것인가에 대해서도 많은 고민과 준비를 거쳤다. 실제로 이 과정이 굉장히 많이 도움이 되었다. 그렇게 시작한 촬영은 생각보다 더 규모가 크고 성대했다. 세트장과 카메라 등 규모가 어마어마했고 참가자들도 어마어마했다. 나는 그 분위기에 눌리고 기가 죽었지만, 속으로 '마이 파우라'를 계속 외쳤다. 겁먹으면 아무것도 얻을 게 없다. '어차피 나는 잃을 게 없어, 무조건 우승한다.'

'마이 파우라'라는 마법의 주문과 함께 인생과 요리를 건 콜로세움으로 걸어 들어갔고, 결국 나는 피나는 경쟁을 통해 끝까지 살아남았다. 그렇게 요리 콜로세움에서 승리하고 많은 게 바뀌었다. 주변도 수입도 가게도 만나는 사람들도 달라졌지만, 단 한 가지 바뀌지 않은 것은 '나'였다. 주변이 어떻게 바뀌든 나의 가치관과 마인드는 달라져선 안 되었다. 내가 나일 수 있었기 때문에 우승도 한 거라고 믿는다. 대회에 참가하면서도, 우승 후 완전히 달라진 삶에서도 가장 경계하는 부분이었다.

〈흑백요리사〉 출연 후 여기저기에서 많은 섭외가 들어왔다. 여러 방송과 광고, 화보 촬영, 행사까지, 국내외를 막론하고 1년 동안 열심히 쉬지 않고 달렸다. 정말 다양한 경험을 했고, 덕분에 많은 인연도 만났다. 특히 한국에서 각 분야별 톱을 찍었거나 찍고 있는 사람들을 만나게 되었는데, 연예인과 세계적인 스포츠 스타뿐 아니라 한국을 이끄는 기업인과도 만나 요리를 할 기회가 생겼다. 〈흑백요리사〉 이후 가장 좋았던 게 무엇인지 생각해보면 이런 사람들을 만날 수 있었다는 점이다. 그들을 만나 대화하며 많은 영감을 받았고, 그들의 열정과 에너지, 그리고 삶에 대한 자세는 나 자신을 더 성장시키는 양분이 되었다.

〈냉장고를 부탁해 since 2014〉의 고정 셰프가 되다

2014년 취사병으로 군에 입대했을 때 한국을 뒤흔든 프로그램이 생겼다. 바로 〈냉장고를 부탁해〉다. 유명 셰프들이 모여 연예인의 냉장고 속 재료로 요리를 한다는 콘셉트로 시작해 수년간 최고의 스타 셰프 전성기를 이끈 상징적인 프로그램이다. 5년간 방영한 후 스타 셰프의 화제성이 사그라들면서 종영했는데, 〈흑백요리사〉 이후 시즌 2로 부활했다. 프로그램이 부활한다는 뉴스를 보고 섭외 연락이 올 것이라 예상했고, 실제로 출연 제안 전화가 와서 역시나 고민 없이 참가를 승낙했다. 그렇게 나는 많은 셰프가 꿈의 무대로 꼽는 〈냉장고를 부탁해〉 시즌 2에 참여했고, 긴장되고 스트레스받는 15분 요리 대결을 시작하게 되었다.

처참한 승률

　기세등등 등장한 〈냉장고를 부탁해〉라는 무대는 생각보다 쉽지 않았다. 15분이라는 시간제한이 힘들다기보다 개인의 입맛과 재료에 대한 타협이 좀 힘들었던 것 같다. 내가 추구하는 요리는 워낙 정통을 고수하고, 그 틀을 깨는 걸 힘들어했기 때문에 재료와 콘셉트가 제한된 〈냉장고를 부탁해〉에서는 힘을 쓰기 힘들었다. 더군다나 분야가 다른 셰프님들과 붙다 보니 아무래도 대중적인 입맛을 사로잡기에는 정통 이탤리언이나 슴슴한 맛의 양식보다는 중식과 일식의 강렬한 감칠맛이 유리했다. 점차 그렇게 승률이 자꾸 떨어지자 개인적으로는 아무렇지 않은 척했지만, 사실 꽤 스트레스를 받았다. 하지만 회차가 거듭될수록 음식과 승리에 대한 욕심보다는 개그에 대한 욕심이 강해졌다. 이기고 지는 대결의 압박에서 벗어나 다양한 캐릭터를 만들고, 서사를 부여하고, 프라이팬에 캐릭터를 부여해 실비아라는 이름을 붙이는 등 각 셰프님과의 이야기를 만들어갔다. 그렇게 해서 만든 셀 수 없이 많은 캐릭터 덕에 촬영장 분위기가 밝아졌고, 10시간이 넘는 고강도 촬영이 오히려 기다려졌다. 최현석 셰프님을 따라 하는 아기 최현석부터 느좋('느낌 좋은'이라는 뜻의 신조어) 손종원 셰프님을 견제하는 반느좋 연합 회장, 김풍 작가를 따라 하는 맛풍, 정호영 셰프님을 새롭게 스승으로 받아들이고, 나폴리 호소인과 가짜 이탈리아인까지, 수많은 이야기를 담아내는 데 집중했다. 어쩌면 나는 셰프보다 작가가 더 잘 맞았을지도 모르겠다. 이야기와 서사를 부여하고 캐릭터를 만들어가는 게 이렇게 재미있을 줄이야.

　방송뿐 아니라 다양한 브랜드와의 지속적인 협업을 통해 성공적으로 이름을 알렸고, 대중의 일상 속으로 들어갔다. 또 평소 좋아했던 유튜버들과의 다양한 콘텐츠와 방송을 통해 〈흑백요리사〉 때의 무거운 이미지를 내려놓고 개그 욕심이 많은 나의 색다른 매력을 보여주고 싶었다.

공중파 예능은 짜인 각본에 집중하다 보니 촬영이 그렇게 재미있게 느껴지지 않아서 섭외를 대부분 거절했고, 대신 멘트와 콘셉트의 제약이 거의 없는 유튜브를 주 활동 무대로 선택했다. 내가 좋아하는 것을 해야 더 잘할 수 있고 자연스럽게 녹아들 수 있는 것 같아서다. 그 외에도 외부에서 다양한 명품 브랜드와 협업을 이어나갔고, 정부에서 진행하는 행사나 촬영 등에도 참여했다. 그렇게 1년이 지나자 나는 또 다른 목표를 세워 그것을 이루어나가겠다는 결심을 하게 된다.

30대를 맞이하며

건물이나 주택을 사서 1층에선 가게를 하고 위층에선 직접 거주하는 것은 오랜 기간 꿈꿔오고 준비한 프로젝트였다. 마당이 있는 넓은 주택이었으면 더 좋았겠지만, 여러 여건상 이번엔 서울 시내에 있는 5층짜리 작은 건물을 매입했다.

〈흑백요리사〉가 끝나자마자 포털사이트를 통해 여러 건물을 살펴보고, 유튜브로 쉴 틈 없이 부동산에 대해 공부하고, 바쁜 일정을 쪼개 임장도 다녔다. 그렇게 수많은 건물을 보고 계약이 파기되고 하다가 마음에 드는 매물을 발견해 계약하게 되었다. 2026년에는 이 건물로 가게를 이전하고 집도 이사해야 한다. 물론 인테리어부터 시작해야 한다. 가게 이름과 콘셉트도 바꾸고 새로운 마음가짐으로 요리에 집중하려는 목표도 있었고, 지금의 작은 식당에서 벗어나 조금 더 많은 고객을 만나고자 하는 의도도 있었다. 나는 한 가지 목표가 있으면 그것을 이루기 위해 1년이든 2년이든 모든 것을 쏟아붓는다. 2026년에는 나의 터전에 완벽하게 자리 잡고, 나만의 새로운 요리 세계를 선보이고 싶다는 포부를 밝히며 책을 마무리한다.

〈흑백요리사〉 촬영이 끝난 지 1년 반이 지났지만

나는 여전히 그 자리에 있다.

앞으로도 그럴 것이다.

CHAPTER

2

나폴리 맛피아 시크릿 레시피

〈요리 노트 01〉 토마토소스의 기본

- 엑스트라 버진 올리브 오일 3T
- 마늘 1톨
- 양파 ½개
- 토마토퓌레 1컵
- 설탕 2t
- 소금 약간
- 후춧가루 약간
- 바질 줄기 약간

(1) 팬에 엑스트라 버진 올리브 오일을 두른 뒤 마늘을 곱게 다져서 볶거나 살짝 으깨 오일에 향만 입힌 뒤 제거한다.

(2) 이때 불은 가능한 한 약하게 해서 마늘 향을 충분히 뽑아내고 타지 않도록 한다.

(3) 마늘 향 나는 오일에 양파를 가능한 한 곱게 다져서 팬에 투명해질 때까지 볶은 뒤 토마토퓌레를 넣고 30분간 약한 불에서 끓여준다.

(4) 여기에 설탕과 소금, 후춧가루를 넣고 바질 줄기로 향을 더해준다.

〈요리 노트 02〉 베샤멜소스 기본

- 우유 1팩
- 버터 1컵
- 중력분이나 박력분 1컵
- 소금 약간
- 후춧가루 약간

베샤멜소스는 서양의 5대 모체 소스 중 하나로, 다양한 크림이나 화이트소스 베이스에 사용한다. 버터를 팬에 녹이고 밀가루를 익혀 우유를 부어가며 소스를 만든다. 이때 휘핑기로 잘 섞어주고 약간의 소금, 후춧가루로 간한 다음 포인트로 너트메그가루와 치즈를 더해줘도 좋다. 베샤멜은 한번 만들어두면 다양한 크림 베이스의 요리에 농도를 잡아주는 역할을 할 수 있지만, 크림 파스타나 카르보나라에 사용하는 것은 금지다.

《요리 노트 03》 **생면 파스타의 기본**

생면 파스타 반죽은 기본적으로 밀가루(강력분이나 중력분 혹은 이탈리아 파스타용 00(doppio zero)밀가루) 85g에 약 60g의 달걀 1개를 섞어 반죽해주면 끝이다. 밀가루와 달걀만 넣어 잘 반죽한 반죽은 랩으로 감싸 냉장고에 넣고 30분 정도 휴지한 후에 사용해야 반죽 내부에 수분이 고르게 퍼져 성형과 제면이 쉽다. 기본 생면 반죽은 냉장고에서 약 일주일간 보관 가능하다. 진공포장한다면 2주 정도 충분히 보관 할 수 있으며, 면을 완전히 제면해서 자르고 나서 밀가루를 넉넉히 발라 냉동하면 한 달까지도 보관 가능하다. 다만 온도가 일정하지 않아 면이 냉동실에서 얼었다 녹기를 반복하거나 소금을 넣거나 반죽이 질면 반죽이 물에 닿자마자 으깨질 가능성이 높다. 가능하면 반죽은 일주일 내로 소진해서 다양한 소스에 버무려 먹어보자.

〈요리 노트 04〉 바다 육수

- 바지락이나 백합 500g
- 홍합 1kg
- 마늘 3톨
- 엑스트라 버진 올리브 오일 ½컵
- 통후추 약간
- 파슬리 줄기나 바질 줄기 5개 정도
- 화이트 와인 1컵

(1) 냄비에 엑스트라 버진 올리브 오일과 살짝 으깬 마늘을 넣고 약한 불로 마늘 향을 뽑아준다.
(2) 해산물은 잘 해감하고 찬물로 씻어 냄비에 넣고 화이트 와인과 후추를 약간 뿌려준 뒤 파슬리와 바질을 넣어 조개의 입이 열릴 때까지 뚜껑을 덮고 익힌다.
(3) 조개들이 입을 다 벌리면 고운체로 내리고 살은 발라서 분리해둔다.

〈요리 노트 05〉 생선 육수

- 생선 뼈 1마리 분량
- 양파 1개
- 당근 ¼개
- 셀러리 4줄기
- 마늘 6톨
- 월계수 잎 2장
- 타임 5줄기
- 파슬리 줄기 5줄기
- 화이트 와인 1컵
- 통후추 10개

(1) 생선 뼈는 찬물에 잘 헹궈서 비린 맛을 제거한다.
(2) 큰 냄비에 찬물을 넉넉하게 받고 모든 재료를 한꺼번에 넣어 3시간 이상 끓인다.
(3) 뽀얗게 육수가 나오면 체나 면보로 걸러서 보관한다. 냉장 보관 일주일, 냉동 보관 3개월 가능.

《요리 노트 06》 **만테카레**

'마구 휘젓다'라는 이탈리아어로 파스타와 리소토를 만들 때의 마지막 단계를 의미하기도 한다. 파스타 면과 쌀에서 나오는 전분으로 물리적인 힘을 통해 물과 기름을 유화하는데, 이때 팬을 흔들면서 마구 휘젓는 행동을 하기 때문에 '만테카레'라고 부른다. 파스타와 리소토에서는 굉장히 중요한 단계로, 셰프의 실력을 볼 수 있는 관전 포인트기도 하다.

《요리 노트 07》 **알덴테**

'al dente'라는 이탈리아어로 '치아에 닿는 식감으로 조리한다'라는 의미를 지니고 있다. 주로 파스타와 리소토를 익힐 때 안에 살짝 심지가 씹힐 정도로 익혀야 하는 게 정석인데, 이를 '알덴테 상태'라고 부른다. 또 과일이나 채소 등을 익힐 때도 크런치한 식감을 주기 위해 살짝 덜 익히는 것 역시 '알덴테로 익힌다'는 표현을 사용한다. 한국에서는 알단테로 잘못 사용하는 경우가 많아 주의가 필요하다.

인생 요리

Pasta al tonno
토마토 참치 파스타

인생 첫 요리의 재해석

부모님은 어릴 때부터 항상 맞벌이를 하셨다. 그러다 보니 자연스럽게 요리와 친해진 것 같다. 배가 고프면 어머니가 언제 퇴근하실지 기다리기보다는 직접 주방에 들어가 냉장고를 뒤적이고 칼을 잡았다. 어릴 때부터 스스로 뭔가를 만드는 것을 즐겨 했다. 아마 여섯 살 때 처음으로 스스로를 위한 요리를 했던 것 같다. 참치 캔을 조심스럽게 열어 밥에 부어서 대충 비비고 달걀을 깨 넣어 볶았다. 프라이팬에 가해지는 열기와 고소한 기름 냄새, 그리고 지글거리는 소리가 배고픈 내 미뢰를 자극했다. 하지만 요리는 음악과 달랐다. 모차르트는 피아노를 배운 적이 없지만 예닐곱 살 때 어른들보다 피아노를 잘 쳤다. 하지만 내 첫 요리는 최악이었다. 수십 년이 흐른 지금까지도 그 맛을 떠올리면 입맛이 전혀 돌지 않는다. 최악의 맛이었다. 내가 한 음식은 맛이 없다는 걸 깨닫고 한동안은 주방에서 멀어졌던 것 같다.

그렇게 난 초등학생이 되었고, 하교 후 집에 돌아오면 아무도 없는 경우가 많았다. 공부에는 딱히 뜻이 없었고 게임을 하거나 요리를 하거나 하면서 시간을 보냈다. 간단한 달걀프라이부터 시작해, 햄을 볶거나

라면을 끓여 먹거나 볶음밥을 주로 해 먹다가 열 살 때 처음 파스타를 시도했던 것 같다. 시판 토마토소스를 붓고 면을 삶고 벽에 던져 익었는지 확인했다(물론 부질없는 일이다. 면은 익지 않아도 벽에 붙는다. 그렇지만 그때 그 시절에 TV에서는 면이 익은 걸 벽에 던져 붙은 걸로 확인하곤 했다). 그리고 가장 만만한 단백질을 함께 넣었다.

참치 캔을 따서 토마토소스에 합쳐 끓이고 면을 비벼 체더치즈를 뿌려 마무리했다. 면은 팅팅 불었지만 그럭저럭 먹을 만했던 것 같다. 이게 나의 가장 오래된 파스타의 추억이다. 물론 그 전에도 쏘렌토라든지 스카이락이라든지 아웃백 같은 식당에서 몇 번 먹어본 적은 있었지만 직접 만들어본 것은 처음이었으니까. 그런데 이탈리아에도 토마토와 참치로 만든 파스타가 있다. 놀랍게도 아이들을 위한 메뉴이고 주로 여섯 살에서 열 살 사이 어린이들이 부모님과 식당에 가서 먹을 게 없을 때 선택하는 메뉴다.

역시 전 세계 어디든 어린이들의 입맛은 정직하고 뻔하다는 걸 느꼈다.

재료

· 기본 토마토소스(P. 68) 1컵

· 푸실리나 숏 파스타 100g

· 캔 참치 100g

· 파르미자노 레자노 치즈 3T

· 엑스트라 버진 올리브 오일 2T

· 바질이나 이탤리언 파슬리 2장

· 소금 약간

· 후춧가루 약간

파스타 삶기용 재료

· 천일염 10~25g

만들기

(1) 냄비에 파스타가 잠길 정도로 물을 끓인다. 천일염은 건면 기준 1.5~2%(물 1L에 천일염 20~25g)로 염도를 맞추고, 생면은 1%(물 1L에 천일염 10~12g)로 맞춰준다.

(2) 파스타를 익힐 때는 포장지에 쓰여 있는 조리 시간을 참고한다. 다만 불 세기와 염도에 따라 익는 속도가 달라질 수 있으니 중간중간 먹어보며 감을 익히는 게 중요하다. 파스타 봉지에 9분 익히라고 나와 있다면 7분 30초에서 8분 사이에는 냄비에서 건져내야 한다.

(3) 팬에 만들어둔 기본 토마토소스를 1컵 정도 담고 캔 참치 절반을 넣어 함께 끓여준다.

(4) 살짝 덜 익힌 파스타 면을 꺼내 팬에 넣고 면수를 조금씩 더해가며 완벽한 알덴테의 꼬들한 식감이 나올 때까지 졸인다.

(5) 파스타가 잘 익고 소스도 면에 잘 배어들도록 졸였다면 마지막으로 간을 보고 필요하면 소금과 후춧가루로 간한 뒤 불을 끄고 엑스트라 버진 올리브 오일과 파르미자노 레자노 치즈를 넣고 만테카레를 해준다.

(6) 취향에 맞게 바질이나 파슬리 등을 넣고 풍성한 향을 더해준 뒤 접시에 예쁘게 플레이팅한다.

(7) 남은 캔 참치를 완성된 파스타 위에 올린 뒤 허브를 사용해 마무리 장식한다.

맛피아's tip

이탈리아 요리는 항상 약한 불로 조리한다. 불 향과 태운 맛이 가미되면 재료 본질의 맛이 가려지기 때문이다.

추천 와인

이탈리아 시칠리아의 네로 다볼라 품종을 사용한 와인. 적당한 과실미와 산도, 부드러운 타닌이 해산물과 토마토에 환상적인 화합을 더해준다.

Pesto alla Genovese
다양한 채소를 베이스로 한 페스토

농부의 손자

우리 아버지 쪽 집안은 대대로(내가 기억하는 한은) 농사를 지으셨다. 그래서 초등학교에 진학하기 위해 서울로 오기 전까지는 시골에서 시간을 많이 보냈다. 할아버지께서 농사를 지으시던 넓은 논과 밭을 뛰어다녔는데, 여름에는 장마가 오기 전에 감자를 캐고 토마토와 고추를 땄다. 논에는 구슬 모양의 비료를 뿌리고 어른들의 모내기를 흉내 냈다. 그리고 가을에는 수확한 벼를 경운기에 싣고 가 넓게 펴서 말렸다. 겨울이 오기 전에는 배추와 무, 그리고 파와 마늘 등을 뽑아 김장을 했다. 그렇게 여러 채소와 쌀을 재배해서 먹었다. 직접 재배를 하고 수확하고 요리해서 식탁에 오르기까지의 과정을 직접 보고 경험하다 보니 자연과 밥상의 순환에 대해 자연스럽게 배우게 되었다. 파인 다이닝 셰프든 대중 음식을 하는 사람이든 단체 급식을 하는 사람이든 요리사로서 경력을 쌓다 보면 결국 재료로 돌아온다. 다양한 테크닉과 요리법을 배우고 레시피와 스킬에 익숙해지면 재료의 중요성에 대해 깨닫게 되고, 좋은 재료를 찾기 위해 전 세계를 돌아다니게 된다. 그리고 재료 본연의 진면목을 느낄 수 있는 게 바로 페스토다.

재료

· 원하는 채소 1종류 100g

케일, 루콜라, 상추, 깻잎, 바질 등 여러 채소를 활용할 수 있다.

· 엑스트라 버진 올리브 오일 300ml

· 마늘 5톨

· 파르미자노 레자노 치즈 ½컵

· 페코리노 로마노 치즈 ½컵

· 견과류 ½컵

헤이즐넛, 땅콩, 아몬드, 피스타치오, 잣 등 취향에 맞게 사용 가능하다.

· 빵가루 3T

· 소금 약간

· 후춧가루 약간

파스타 삶기용 재료

· 천일염 약간

건면은 물 1L에 천일염 20~25g, 생면은 물 1L에 천일염 10~12g이다.

페스토 만들기

페스토는 이탈리아에서 다양하게 활용하는, 채소를 갈아 만든 소스다. 보통 여름철에 파스타에 버무려서 먹지만 고기나 해산물에 곁들이는 소스로도 폭넓게 사용한다. 특히 파인 다이닝부터 가정 요리까지 다방면으로 활용도가 높으니 다양한 채소와 견과류를 조합해 나만의 페스토를 만들어보는 걸 추천한다.

맛피아's tip

루콜라와 피스타치오, 바질과 잣, 깻잎과 땅콩같이 여러 재료를 조합해 나만의 레시피를 개발할 수 있는 게 페스토를 활용한 요리의 장점이자 재미다. 먹다 남은 채소를 버리기 아깝다면 페스토로 만들어보자. 냉장실에서는 2주, 냉동 보관하면 2개월 정도 보관하는 것도 가능하다. 페스토만으로는 뭔가 아쉽다면 감자를 삶거나 구워서 파스타에 곁들여도 좋다.

만들기

(1) 바질을 물에 잘 씻어 키친타월로 물기를 제거해준다.

(2) 블렌더에 치즈를 제외한 모든 재료를 넣고 1분 정도 갈아준다. 이번에는 피스타치오를 사용했다.

(3) 재료가 어느 정도 균일하게 갈리면 두 가지 치즈를 모두 넣고 추가로 1분간 갈아준다. 이때 얼음을 두 조각 정도 넣어 마찰열에 의한 변색을 방지한다.

(4) 농도가 너무 되직하면 엑스트라 버진 올리브 오일을 더 넣어주고 묽으면 견과류나 치즈를 조금 추가한 뒤 소금, 후춧가루로 간한다. 그냥 먹어도 간이 딱 맞게 짭잘하게 간을 해주면 된다.

(5) 원하는 파스타를 삶는다. 페스토는 주로 생면 파스타와 함께 곁들이지만 모든 종류의 면을 사용해도 무방하다. 다만 평소에 알덴테로 삶는 것보다 조금 더 익히는 게 좋다. 팬에서 가열을 따로 더 하지 않고 비벼서 먹기 때문이다.

(6) 삶은 파스타와 페스토를 넣고 면수를 살짝 넣어 잘 버무린 뒤 접시에 플레이팅한다.

추천 와인

페스토에는 견과류의 너티함과 치즈의 감칠맛, 그리고 싱그러운 허브 향이 가득하다. 과하지 않은 오크 향이 나는 칠링된 샤르도네 한 잔이면 완벽하다.

Grand Crudo
제철 생선 카르파초

망쳐버린 첫 실습

생선 손질이 많이 필요한 카르파초를 요리할 때마다 무기력했던 고등학생 시절과 첫 요리에서 방황하던 대학생 때가 생각난다. 고등학생이 된 맛피아는 꿈도 희망도 사라진 사춘기 소년으로 성장했다. 학교생활은 (공부에는 뜻이 없었기에) 지루하고 끔찍하기 그지없었고, 빨리 3년이 지나가기만 매일매일 기도했다. 대한민국 사회에서 공부하지 않는 고등학생은 존재할 가치가 없는 것 같았다. 그렇다고 명확한 목표(예를 들면 운동선수라든지)가 있어서 그걸 준비하는 것도 아니었다. 마찬가지로 요리사가 될 생각도 없었다. 그냥 시간이 빨리 흘러 성인이 되면 새로운 인생이 시작될 것만 같은 막연한 기대감만 있었다(만약 요리를 시작하지 않았다면 새로운 인생이란 없었을 것이다). 그러다 정말 우연한 계기로 요리를 하면 굶어 죽지는 않겠다는 생각을 하게 되었다. 요리사 주변에는 항상 재료와 음식은 넘쳐나니까 '뭐 해서 먹고살지?' 하는 걱정에 대한 명확한 해답이 되어줄 것 같았다. 원래는 간호사나 공무원을 잠시 목표로 했던 적도 있었지만, 고 3 수능이 끝나고 만화적인 표현으로 머릿속에 전구가 반짝였다. '그래, 조리학과에 지원하자. 요리사를

하는 거야!' 그리고 집에서 가장 가까운 몇몇 대학교의 조리과에 지원했다.

그렇게 입학한 대학교의 조리학과의 첫 실습날, 나는 또다시 절망하고 말았다. 오래전부터 요리를 해서 칼질이 능숙하고 자격증과 우수한 대회 성적을 갖춘 동기들은 나와 격이 달랐다. 나는 칼질조차 못했고 생선 껍질을 벗기지 못해 순간 짜증이 솟구쳐 칼을 집어 던지고 실습장을 뛰쳐나갔다. 그러다 생각했다.

'더 이상은 도망치지 말자. 요리를 시작한 이상, 내가 하고 싶은 게 처음으로 생겨난 이상 끝을 보자.' 그리고 끔찍한 고등학교 3년을 보냈으니 피나는 노력을 해서 여기서라도 1등을 할 거라고 다짐했다. 그리고 얼마 안 가서 보지 않고도 생선 껍질을 벗길 수 있게 되었다.

재료

· 제철 생선 필레(횟감용) 100g

혹은 생으로 섭취 가능한 새우류나 랍스터도 좋다.

· 엑스트라 버진 올리브 오일 3T

· 딜 1줄기

· 이탤리언 파슬리 3장

· 라임이나 레몬 1개

· 소금 약간

· 후춧가루 약간

맛피아's tip

여러 해산물이나 갑각류를 응용할 수 있다. 여기에 페스토와 빵을 얇게 구워 함께 곁들여 먹으면 금상첨화. 심플한 파스타나 리소토 위에 올려서 가니시로도 사용 가능하다.

만들기

(1) 횟감으로 사용 가능한 신선한 생선이나 갑각류를 준비한다.
(2) 생선 필레는 얇게 회 떠준다.
(3) 차가운 접시에 얇게 뜬 회를 고르게 펴고 몰드로 예쁘게 모양을 잡아준다.
(4) 생선 위에 엑스트라 버진 올리브 오일을 가볍게 뿌려준다.
(5) 그 위로 약간의 후춧가루와 굵은 천일염이나 히말라야 핑크 솔트 같은 암염을 조금씩 올려준다.
(6) 잘게 썬 허브(딜과 파슬리)를 위에 올린다.
(7) 레몬 껍질을 갈아 올린다.

 추천 와인

이탈리아의 웬만한 화이트 와인과 잘 어울린다. 단, 샤르도네는 금물. 특히 시칠리아 에트나 화산 지역에서 나오는 미네랄과 산도가 강한 화이트 와인이나 스파클링 와인이 좋다.

Petto d'Anatra
오리 가슴살 스테이크와 단호박 퓌레

첫 요리 대회 그리고…

대학교에 입학하고 한 달이 지나서부터 미친 듯이 요리에 빠져들었다. 자는 시간 빼고는 요리만 공부하고 생각했고, 수많은 요리 영상과 레시피를 찾아봤다. 자격증 학원에도 등록해서 두 달 만에 한식과 양식을 모두 한번에 획득했다. 불과 한두 달 전에 꼴등으로 시작했지만 자신감이 조금씩 붙었다. 그러던 차에 교내 요리 대회가 열렸다. 나는 요리를 시작한 지 3개월밖에 안 된 새내기였는데, 선배들도 많이 출전했다. 30명 이상 출전하는, 교내에서는 나름 큰 대회였던 것 같다. 오리 가슴살을 써보고 싶다는 생각이 들어 가볍게 구워 스테이크를 만들었는데, 정말 놀랍게도 학년에서 1등을 했다. 기대하지 않던 수확이었다. 그때부터 어쩌면 요리가 적성에 맞을지도 모른다는 생각이 들었다. 태어나서 처음으로 무언가를 위해 노력한다는 게 즐겁고 행복했다. 요리하는 모든 과정이 행복하고 살아 있는 듯한 기분이 들었다. 우울하고 답답하기만 했던 인생이 요리를 만나고 180도 바뀌게 된 것이다. 우연히 시작한 요리가 운 좋게도 적성에 맞았고, 재능도 있었고, 성과가 나기 시작하니 흥미와 열정에 불이 붙어 요리에 더욱 미친 듯이 매료되었다.

재료

· 오리 가슴살 1쪽

· 버터 ¾컵

· 로즈메리 4줄기

· 타임 3줄기

· 마늘 3톨

· 단호박 ¼개

· 라즈베리 ½컵

· 생크림 1컵

· 설탕 3T

· 딜 시드(선택) 1t

· 소금 적당량

· 후춧가루 적당량

· 닭 육수나 오리 육수 1컵

· 레드 와인 1컵

맛피아's tip

오리 가슴살 스테이크의 핵심은 껍질이다. 최대한 약한 불에서 기름을 빼줘야 바삭한 식감을 즐길 수 있다. 오리나 비둘기 혹은 메추리 같은 야생 새 고기는 다양한 과일, 특히 베리류와의 페어링이 좋다.

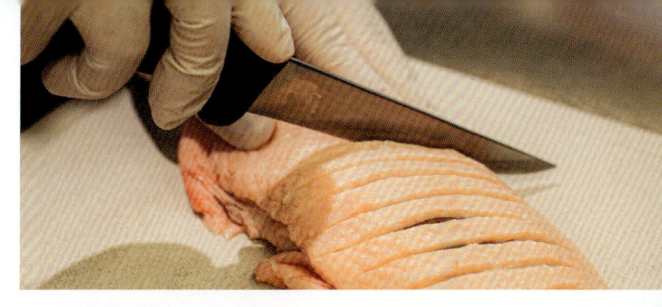

퓌레소스의 기본

메인 디시에는 항상 퓌레소스가 따라온다. 감자나 단호박, 당근 등 구황작물을 사용해 단백질에 곁들이는 탄수화물로 소스를 만드는 게 일반적인데, 토마토나 채소를 활용하기도 한다.

만들기

(1) 오리 가슴살을 차가운 프라이팬에 기름 없이 올려 최대한 약한 불로 오래 익히며 오리 껍질 아래쪽 기름을 빼준다.
이때 오리 가슴살의 껍질 부분에 약간의 칼집을 내면 지방이 녹아 더 바삭한 식감을 낼 수 있다.

(2) 최소 30분 이상은 약한 불에서 기름을 충분히 빼준 뒤 버터 ¼컵과 허브, 살짝 으깬 마늘을 넣는다.

(3) 중간 불로 올려 껍질을 바삭하고 갈색이 돌도록 굽는다.

(4) 가슴살은 껍질 부분만 열을 가해주고 윗부분은 숟가락으로 버터 기름을 끼얹어가며 익힌다.

(5) 손으로 눌렀을 때 너무 단단하지 않을 때까지 가슴살을 익힌다. 오리 가슴살은 언제나 미디엄 레어에서 미디엄 정도로 살짝 덜 익혀야 맛있다.

(6) 고기가 다 익으면 껍질 쪽에 설탕 2T을 살짝 뿌리고 토치를 사용해 캐러멜라이징한 뒤 딜 시드를 뿌려준다(선택).

(7) 고기를 건져낸 후 고기를 익혔던 팬에는 레드 와인과 라즈베리, 설탕 1T과 육수를 넣어 졸인 뒤 버터 ¼컵을 넣고 소금, 후춧가루로 간한 후 마무리한다.

(8) 단호박은 굽거나 삶아 생크림과 버터 ¼컵을 넣어 블렌더에 곱게 갈고 고운체에 내린 후 소금, 후춧가루로 간한다.

(9) 접시에 단호박 크림과 와인소스를 깔고 오리 가슴살을 잘라 올려 마무리한다. 기호에 따라 버섯이나 아스파라거스, 트러플 등을 곁들여도 좋다.

추천 와인

달달하고 풍미가 강한 오리고기에는 이탈리아 베네토 지역의 아마로네(포도를 말려서 장기 숙성한 고급 와인) 혹은 발폴리첼라 레드 와인이 찰떡이다. 아마로네는 포도를 건조시켜 만드는 와인으로, 달달한 과실 풍미와 다양한 허브의 향이 오리고기의 야생미와 육향과 어우러져 최고의 궁합을 만들어준다.

Bistecca alla Fiorentina
피렌체식 티본 스테이크와 머시룸 레드 와인 소스

나의 첫 요리 스승, 고든 램지

요리에 아무리 관심이 많고 공부를 하려고 해도 스승이 없다면 발전하는 데 한계가 있다. 주변에 요리를 하는 사람도 아무도 없었고, 나는 누군가에게 도움을 요청하고 배우려고 인사를 다니는 사람도 아니었다. 그러다 우연히 유튜브를 켰다가 고든 램지 셰프님의 요리 프로그램을 보게 되었다. 그 당시에는 유튜브의 시대가 오기 전이었기 때문에 질 좋은 영상이나 요리 유튜버가 별로 없었다. 대부분 TV에서 유명한 사람들의 프로그램이 유튜브로 흘러 들어오는 느낌이라고 생각하면 이해하기 쉬울 것이다. 고든 램지와 제이미 올리버는 당시 전 세계에서 가장 유명한 셰프였고, 그에 따라 수많은 영상을 온라인상에서 쉽게 찾아볼 수 있었다. "그래 이거다!" 이걸로 공부를 하면 되겠다는 생각이 들었고, 잘 알아듣지도 못하는 요리 영상을 수십 번, 수백 번 돌려 봤다(그때는 자막도 당연히 없었다). 같은 영상을 수십 번 보니 들리지 않던 영어가 들리고, 이해할 수 없던 식재료가 보이기 시작했다. 먼저 자연스럽게 영어가 늘었고, 전 세계 레시피와 식재료, 그리고 요리사로서의 자세와 열정을 배우게 되었다. 달리는 기차에 석탄을 쏟아부은 것처럼. 순풍을 받은 돛단배, 편서풍을 탄 비행기 같은 느낌이었다. 그에 따라 요리 실력은 일취월장했다. 학교에서 1등을 하는 데는 6개월이면 충분했다. 남들은 대학 새내기의 낭만을 누리며 클럽과 술을 찾을 때 하루 종일 요리 레시피만 공부하고, 영상을 찾아보고, 밀가루 반죽으로 칼질을 연습했다. 그때나 지금이나 나는 요리가 가장 재밌고 즐거웠고, 성과의 도파민에 취해 다른 즐거움은 눈에 들어오지도 않았다. 그중 소개하고 싶은 건 고든 램지 셰프님의 영상 중 가장 유명한 '스테이크 굽기'다. 그 방식대로 만드는 레시피로 나에게는 의미가 남다른 요리다.

서른 살인 지금까지도 나는 클럽이나 헌팅 술집 등에 단 한번도 가보지 않았다. 어떤 곳인지 궁금하지도 않다. 친구를 만나고, 술을 마시고, 게임을 하는 것보다 요리를 하고, 공부하고, 성과를 내는 자아실현만큼 강한 도파민과 즐거움을 주는 행위는 아직까지 나에게는 없다.

맛피아's tip

스테이크를 익히는 정도는 탐침 온도계를 사용하면 가장 정확하지만, 개인적으로는 추천하지 않는다. 오로지 손끝의 감각을 이용해서 굽는 훈련을 지속적으로 해야 고기 굽는 스킬도 늘고 성장할 수 있다.

레드 와인소스의 기본

스테이크를 굽고 나서 팬에 눌어 붙은 단백질 조각에 레드 와인, 그리고 육수를 부어 졸여주는 조리법을 디글레이징이라고 한다. 이 과정을 통해 고기 단백질의 감칠맛 성분이 소스에 녹아난다. 스톡으로 진득하게 우려낸 콜라겐이 많이 함유된 스톡을 더해주면 감칠맛과 끈적한 텍스처가 폭발하는 최고의 소스가 완성된다.

추천 와인

토스카나의 키안티. 이탈리아에서 가장 많이 재배되며 흔히 찾아볼 수 있는 산조베세로 만든 와인. 티본 스테이크와 함께 토스카나 하면 떠오르는 와인이다.

재료

· 티본이나 포터 하우스 600~700g 1덩이

· 로즈메리 4줄기

· 타임 4줄기

· 마늘 5톨

· 양파 ½개

· 식용유 ½컵

· 버터 ½컵

· 레드 와인 1컵

· 비프 스톡 혹은 치킨 스톡 1컵

· 설탕 1T

· 양송이버섯 5개

· 후춧가루 약간

· 생크림 2T

만들기

(1) 티본 스테이크는 냉장고에서 고기를 굽기 1시간 전에 미리 꺼내 심부 온도를 높여준다. 이때 부위가 두껍고 뼈가 있기 때문에 가는 소금, 후춧가루를 넉넉하게 뿌린 뒤 1시간 정도 충분히 기다린다.

고기 단백질에 소금을 뿌리면 삼투압 현상 때문에 내부의 수분이 빠져나오는데, 수분이 빠져나오고 30분이 지나면 역삼투압에 의해 고기 내부로 수분이 다시 채워져 들어간다. 이 과정을 통해 고기 내부까지 간이 적절하게 배며 수분 손실을 최소화할 수 있다.

(2) 고기가 실온과 같은 온도가 되고 수분과 소금이 내부로 잘 배어들었다면 키친타월로 겉면의 수분을 잘 닦아 말려준다. 이 과정에서 드라이어 같은 도구를 사용하면 더 좋다.

(3) 고기 외부의 수분을 말린 뒤 강한 불로 올린 다음 발연점이 높은 식용유를 두르고 고기를 올려 겉면을 강하게 익히는 시어링 작업을 시작한다.

(4) 갈색이 나도록 사방을 크리스피하게 구워준 뒤 버터 ¼컵과 마늘 4톨, 허브를 넣어 심부 온도를 원하는 굽기까지 맞춘다.

이탈리아에서는 보통 알 상구에(al sangue)라고 해서 블루 레어에 가깝게 익혀 먹는데, 개인적으로는 미디엄 레어를 가장 선호한다.

(5) 고기가 다 구워지면 레스팅(휴지)을 10분간 해주고 프라이팬에 남은 기름과 소금을 버린 뒤 버섯과 양파, 마늘 1톨을 곱게 다져 살짝 볶아준 다음 레드 와인과 스톡, 설탕을 넣어 졸인다.

(6) 소스를 자작하게 졸인 뒤 생크림과 버터 ¼컵을 넣어 부드럽게 마무리해준다.

Risotto al Bianco
클래식 리소토

이탈리아 요리 학교 ALMA에 입학하다

군대에서 요리를 공부하면서 유학을 가고 싶다는 생각을 하게 되었다. 대부분의 한국 꼬마 요리사들은 유학을 고민할 때 일본과 프랑스, 미국, 그리고 이탈리아 중 고민한다. 미국과 프랑스는 학비가 만만치 않기에 가정 형편이 여유롭지 않다면 보통 일본이나 이탈리아를 선택한다. 물론 돈과 기간 때문이기도 했지만 유럽 식문화의 근본은 로마와 이탈리아를 비롯한 지중해 음식이라고 생각했고 매력을 느끼고 있었기 때문에 이탈리아로 유학을 가고 싶었다. 그렇게 부모님과 내 생각을 공유했고, 어머니는 군대를 무사히 전역하면 이탈리아로 유학을 보내주시겠다고 했다. 그리고 돈이 없다면 대출을 받아서라도 보내줄 테니 열심히 하라고 격려해주셨다. 나의 꿈과 열정 없던 학창 시절을 지켜봐온 부모님이 얼마나 답답하셨을까 상상해보라. 장남이고 나름 머리는 잘 돌아가는 녀석인데 공부하기 싫어서 맨날 도망만 다니고 학원에서는 답지나 베끼고 성적은 5등급, 6등급. 하고 싶은 것도 없다고 방에 처박혀 히키코모리처럼 잠만 잤으니. 게다가 그랬던 아들이 요리를 시작하고 눈빛이 달라져서는 처음으로 하고 싶은 게 있다면서 노력도 하고 열심히 하

는 모습을 보이니 얼마나 대견하고 행복하셨을까 싶다. 우리 부모님은 내가 요리를 시작하고부터 물심양면 도와주셨고, 나를 위해 많은 투자를 하고 노력을 기울이셨다. 그래서 지금의 내가 있고, 부모님의 도움이 없었다면 그 어떤 것도 이룰 수 없었을 것이다.

그렇게 부모님의 물심양면 도움을 받아 간 곳이 바로 이탈리아의 요리 학교 ALMA였다. 그중에서 가장 기억에 남는 수업은 리소토 특강이다. 무려 일주일 동안 리소토만 만들었다. 수많은 방식, 다양한 레시피의 리소토를 하루에 수십 번씩 연습했다. 리소토만 하다 보면 지칠 만도 했지만, 그토록 오고 싶던 유학을 왔다는 설렘와 열정, 그리고 부모님 생각에 지겨운지도 모르고 만들었다. 결국 그 특강을 통해 나는 또다시 성장했고 리소토를 완벽하게 마스터할 수 있었다. 학교 수업에서 일주일간 같은 메뉴를 한다는 건 굉장한 일이다. 그 당시 일주일 내내 배운 리소토로 나는 〈흑백요리사〉에서 우승했다.

리소토의 기본

리소토의 핵심은 알덴테로 잘 익힌 쌀과 치즈, 버터의 깊은 풍미와 감칠맛, 그리고 크리미하되 흐르지 않을 정도의 농도다. 리소토는 포크로 먹을 수 있을 정도의 점도가 되어야 한다. 리소토를 조리할 때는 꼭 깔끔이 주걱이나 나무 주걱을 사용한다. 스테인리스 스틸 재질의 주걱을 사용하면 쌀알이 전부 깨진다.

재료

· 씻어나온 신동진 쌀 1컵

· 버터 2T

· 파르미자노 레자노 치즈 ½컵

· 레몬주스나 화이트 와인 식초 1T

· 화이트 와인 ½컵

· 닭고기나 소고기 스톡 혹은 채수 3컵

· 소금 약간

· 후춧가루 약간

맛피아's tip

리소토를 익히는 정도는 제대로 된 느낌과 감을 찾기가 굉장히 어렵다. 한국에서는 현지식 알덴테로 익히는 레스토랑이 거의 없기 때문. 제대로 하는 이탈리아 현지의 파인 다이닝에서 몇 번 먹어보거나 우리 가게에 와서 먹어보면 그 식감을 정확하게 이해할 수 있다.

만들기

(1) 씻어나온 신동진 쌀은 내가 한국에서 가장 애용하는 리소토 혹은 파에야용 쌀 품종이다. 쌀을 프라이팬에 1분 정도 중간 불로 가볍게 가열해준다.

(2) 쌀을 손으로 만졌을 때 뜨겁다고 느껴질 정도가 되면 화이트 와인을 넣어 향을 한번 입혀준다.

(3) 선호하는 스톡(해산물 스톡 제외)을 은은하게 끓는 상태로 팬에 나눠서 부어가며 쌀을 익혀준다.
보통 중약불로 신동진 쌀을 익히면 15분 정도 소요되는데, 중간중간 쌀알을 씹어보면서 알덴테의 식감이 될 때까지 익혀야 한다. 알덴테의 식감은 글로 설명하기에는 다소 어렵지만 내부 심지는 약간 살아 있되 씹는 데 어려움이 있거나 생쌀 향이 나선 안 된다. 하지만 죽이나 밥처럼 많이 익어서도 안 된다.

(4) 쌀이 잘 익으면 불을 끄고 버터와 치즈를 넣고 레몬주스나 식초를 넣어 산미를 줘서 밸런스를 맞춰준다. 소금, 후춧가루는 중간중간 쌀이 익은 정도를 체크하며 간을 해준다.

(5) 쌀이 알덴테로 익고 농도도 걸쭉하게 잘 나오면 만테카레하고 접시에 플레이팅한다.

 추천 와인

치즈와 버터를 넣은 리소토에는 버터리한 샤르도네가 가장 적합하다. 이탈리아에서 생산되는 샤르도네는 다른 지역보다 산도가 강한 것이 특징인데, 그 산도가 느끼할 수 있는 리소토의 밸런스를 적절히 잡아준다.

인생 요리

Ragù alla Bolognese
볼로냐식 정통 라구소스

기숙사에서 만드는 라구 파스타

학교생활은 그리 길지 않았지만 굉장히 알찼고, 수업이 끝난 저녁이나 주말에는 자유 시간이 주어졌다. 하지만 ALMA라는 학교는 이탈리아 중북부 파르마의 콜로르노(Colorno), 한국으로 치면 사실상 읍면리와 같은 시골에 있었다. 카페나 식당도 많지 않았고 할 게 별로 없었다. 가끔 큰맘 먹고 다른 도시로 여행을 가기도 하고 파르마 시내에 나가곤 했지만, 대부분의 시간은 피자를 먹으며 수다를 떨거나 각자 기숙사에서 방별로 요리를 해 와서 함께 나눠 먹곤 했다. 와인과 맥주도 한국에 비하면 굉장히 저렴하고 맛도 있었기 때문에 어떻게 보면 인생을 즐기는 법을 배웠다고 할 수도 있지만, 그때의 나는 너무 심심하고 답답해서 여유를 가지지 못하고 조급해했던 것 같다. 아무튼 그때 함께 유학하던 친구들 사이에서는 각자의 레시피로 라구를 요리해서 테스트하는 게 유행했고, 못해도 일주일에 한 번씩은 각자 기숙사에서 라구를 끓여 서로 품평회를 했다. 볼로냐식 라구는 학교가 있던 에밀리아 로마냐라는 주의 대표적인 소스다. 한국에는 흔히 볼로네세라고 알려져 있지만 한국식 레시피는 정통과는 거리가 꽤 있었다. 정통 방식의 볼로네세

는 고기를 너무 과하게 볶거나 로즈메리, 타임, 바질 등의 허브를 넣어선 안 되고, 레드 와인 대신 화이트 와인을 넣는다. 거기에 마지막 단계에 우유나 버터를 살짝 넣는 게 포인트다. 지금까지 긴 시간 동안 많은 테스트를 거치며 꾸준히 라구를 끓여왔다. 그중에서 가장 맛도 있으면서 정통성도 있는 레시피라고 생각하는 레시피를 소개해보려고 한다(여러 번 테스트를 해봤지만, 화이트 와인보다는 레드 와인을 한두 병 넣었을 때 가장 맛있었다).

재료

· 다진 소고기 500g

· 다진 돼지고기 500g

· 이탈리아산 관찰레나 판체타 혹은 라르도 100g
돼지 지방 햄이 없다면 프로슈토도 괜찮다.

· 양파 1개

· 당근 ¼개

· 셀러리 2줄기

· 마늘 5톨

· 파르미자노 레자노 치즈 ½컵 + 약간

· 버터 ½컵

· 우유 ½컵

· 화이트 와인이나 레드 와인 500ml

· 이탤리언 파슬리(다진 것) 3T

· 토마토퓌레 1컵 혹은 토마토 페이스트 5T

· 엑스트라 버진 올리브 오일 1컵

· 소금 약간

· 후춧가루 약간

· 파스타 면 100g

파스타 삶기용 재료

· 천일염 10~25g

맛피아's tip

다양한 라구소스 레시피가 있지만 한국에는 정통 볼로냐식 라구소스 레시피가 없어서 아쉬웠다. 쓰다 남은 파르미자노 레자노 치즈 꼬다리를 넣으면 소스의 풍미가 살아나지만 잘 저어줘야 한다. 치즈와 우유 등 유제품을 넣으면 소스가 바닥에 눌어붙을 수 있기 때문에 라구소스에 치즈를 넣어 끓이고 싶다면 각별히 신경 써야 한다. 태우는 순간 이 소스의 생명은 끝이다.

만들기

(1) 커다란 냄비에 곱게 다진 양파, 당근, 셀러리와 마늘을 넣어 오일에 한번 볶아준다.

(2) 채소가 어느 정도 익으면 고기와 햄을 넣어 잘 익힌다. 이때 물이 너무 많이 생기지 않도록 불을 강하게 해서 수분을 충분히 날려주는 게 좋다. 하지만 그렇다고 불을 너무 강하게 해서 고기와 채소에 강제로 마이야르를 일으키거나 고소하게 시어링을 해선 안 된다.

이탈리아 요리는 섬세한 불 조절이 생명이다. 강한 불로 조리하면 마이야르와 캐러멜화로 감칠맛은 상승하지만 다른 재료들의 섬세한 맛과 향을 눌러버린다. 고기 단백질의 향과 감칠맛만 가득한 소스를 원한다면 토마토나 채소, 그리고 치즈를 넣을 필요가 없다.

(3) 수분이 날아가고 고기와 채소의 베이스가 잘 익으면 토마토퓌레나 페이스트를 넣어 5분 정도 볶아준 뒤 화이트 와인을 넣는다.

볼로냐의 정통 방식은 화이트 와인이 맞지만 레드 와인을 넣어도 괜찮다.

(4) 재료가 다 잠길 정도로 물을 넣는다.

감칠맛을 더하기 위해 치킨 스톡이나 비프 스톡을 사용하는 경우도 많은데, 정통 레시피에는 육수는 따로 사용하지 않으므로 일반 생수를 넣으면 된다. 고기와 채소, 그리고 토마토까지 넣은 소스인 만큼 굳이 스톡까지 더해 다른 재료들의 맛을 가릴 필요는 없다.

(5) 이후로는 섬세한 불로 오래오래 끓일수록 맛이 좋아진다. 한국에서 곰국을 끓이듯 최소 6시간 이상은 약한 불에서 오래오래 저어가며 익혀줘야 한다.

(6) 6시간 이후 소스가 걸쭉하게 농도가 잘 나오면 버터와 우유, 그리고 치즈 ½컵을 갈아 넣어 마무리한다.

허브는 이탤리언 파슬리만 사용한다. 로즈메리나 타임 혹은 바질 등은 과유불급.

(7) 소스가 잘 완성되면 최종적으로 간을 해주고 다양한 파스타 면에 버무려서 치즈 약간으로 마무리한다.

🍷 **추천 와인**

이탈리아는 특정 지역의 음식에는 그 지역의 와인을 페어링하는 게 원칙이다. 볼로냐식 라구를 만들어 먹을 때는 볼로냐의 특징적인 와인인 람부르스코를 곁들이자. 달콤하고 고소한 풍미와 탄산감이 느끼하지 않아 라구소스와 잘 어울린다.

인생 요리

Pizza Fritta
나폴리식 피자 튀김

나폴리와의 첫 만남

이탈리아 제3의 도시인 나폴리는 이탈리아 남부 최대의 도시이자 항구도시다. 한국으로 치면 부산이라고 생각하면 이해하기 쉬울 것 같다. 드넓은 바다와 독특한 사투리, 그리고 밝고 경쾌한 분위기와 맛있는 음식이 매력적인 곳이지만, 최근에는 전 세계에서 너무 많은 관광객들이 몰려들어 예전 같은 특유의 분위기가 사라졌다. 나는 열아홉 살 때 수능이 끝나고 처음으로 가족들과 이탈리아로 여행을 간 적이 있는데, 그때 나폴리는 잠시 그냥 스쳐 지나가는 곳이었다. 사실 대부분의 한국인들의 여행에 나폴리는 포함되어 있지 않았다. 근교의 소렌토나 폼페이, 아말피, 포지타노, 카프리섬은 다들 가려고 애쓰는 곳이지만 나폴리 시내를 경유하거나 관광하는 경우는 거의 없었다. 아마도 과거에 나폴리는 위험하다는 인식이 많았기 때문일 것이다. 물론 나 또한 그랬다. 나폴리에서 살기 전까지는.

아무튼 학교 수업을 듣던 학기 중에 연휴가 있어서 마음 맞는 동기 몇 명과 기차를 타고 나폴리로 떠났다. 내리자마자 느껴지는 시끄러운 자동차와 오토바이 경적 소리, 떠들썩한 사람들의 거친 말투. 이탈리아

어를 공부하고 있었지만 난생처음 들어보는 악센트와 사투리가 우릴 반겼고, 이후에는 드넓은 바다의 낭만적인 분위기와 맛있는 음식에 반했다. 그중 굉장히 인상적이었던 것은 처음 경험한 피자였다. 나폴리는 아무래도 피자의 본고장이기 때문에 유명하다는 피자집에 다 가봤지만 크게 와닿지는 않았다. 한국에서 먹던 미국식 피자와는 결이 완전히 달랐고, 신선한 재료 본연의 맛에 집중한 심플한 간식 같은 인상을 받았다. 그렇게 나폴리 피자에 질려가던 차에 피자 튀김이라는 메뉴가 눈에 들어와 주문을 해봤는데 웬걸, 엄청난 맛이었다. 짜고 기름지고 고소하고 부드러운 피자 도를 튀겨 바삭한 맛도 있고 기존 나폴리 피자와는 굉장히 색달라서 인상 깊었다. 그리고 한국에서 팔면 대박 나겠다는 생각을 했다. 실제로 현재 나의 레스토랑에서 꾸준히 코스 메뉴에 올리려고 노력하는 메뉴다. 손님들의 반응도 대체적으로 좋다.

재료

<u>반죽 재료</u> 강력분 150g, 소금 6g, 엑스트라 버진 올리브 오일 20g, 이스트 3g, 따뜻한 물 120g, 세몰리나 밀가루 ½컵

<u>속 재료</u> 리코타 치즈 1컵, 페코리노 치즈와 파르미자노 레자노 치즈(간 것) 3T, 프로볼로네 치즈 3T, 프로슈토 햄(잘게 자른 것) 2T(선택), 견과류 2T(선택), 레몬 제스트 약간, 소금 약간, 후춧가루 약간

<u>튀김 기름</u> 피자 튀김은 기본적으로 너무 뜨거울 때 튀기면 안 된다. 약 165~170℃의 온도에서 시작해서 180℃ 정도로 마무리한다. 밀가루를 사용하는 튀김은 저온에서 시작해 고온에서 마무리해야 기름기 없이 깔끔하게 먹을 수 있다. 반대로 뜨거운 기름에서 시작해 낮은 온도에서 마무리하면 질척거리고 기름을 잔뜩 머금은 반죽을 먹게 될 것이다.

만들기

(1) 이스트는 미지근한 물에 잘 풀고 밀가루에 넣어 섞는다.

(2) ①에 소금과 오일을 넣어 조금 더 저어가면서 반죽한다. 손으로 더 치대도 좋다.

(3) 랩이나 젖은 면보를 올려 총 3시간 이상 발효하는데, 무더운 여름에는 2시간이면 충분하다. 30분마다 깔끔이 주걱으로 주변을 정리해가며 반죽을 가볍게 폴딩(가볍게 표면을 눌러가며 정리해주면서 버블을 빼는 기법)한다.
이렇게 발효한 반죽은 차가운 냉장고에 보관하면 3일 정도는 사용할 수 있다.

(4) 반죽에 세몰리나 밀가루를 살짝 발라 넓게 편 뒤 원하는 속 재료를 채워 만두처럼 덮어 튀긴다.

(5) 취향에 따라 치즈나 토마토소스를 곁들여도 좋다.

추천 주류

피자 튀김에는 역시 와인보다는 차가운 맥주가 제격이다.

인생 요리

Grissini
세 가지 그리시니

미슐랭 2 스타 레스토랑으로의 첫 출근

그렇게 나폴리에 다녀오고 낭만에 빠져 있던 차에 학교 수업 학기는 모두 종료가 되었고 스타지를 나가게 되었다. 스타지는 유럽 레스토랑들을 지금의 자리에 올려놓은 시스템이라고 할 수 있다. 한국에서는 불법이자 대중이 가장 싫어하는 무급 인턴 개념으로 강도 높은 미슐랭 레스토랑에서 몸과 시간을 갈아 넣지만 돈은 받을 수 없다. 대부분의 유럽 파인 다이닝 미슐랭 레스토랑은 전 세계에서 온 나와 같은 스타지들에 의해 돌아간다고 생각하면 된다. 파인 다이닝이라는 업은 수익을 남기기가 굉장히 어렵다. 많은 노동력이 필요하고 재료비도 굉장히 높다. 그것을 어느 정도 상쇄해주는 게 바로 스타지인데, '이런 걸 왜 하지?'라고 생각하는 사람들이 많겠지만 전 세계에서 유명 레스토랑에 스타지를 하기 위해 몰려든다. 그래서 레스토랑에서는 스타지도 아무나 뽑지 않는다. 돈을 주는 것도 아니면서 말이다.

아무튼 배우고자 하는 열정과 건강한 몸이 전부였던 나는 꼭 이탈리아 최고의 레스토랑에서 스타지를 하고 싶었다. 돈은 중요하지 않았고 경력과 배움을 얻고 싶었다. 그래서 학교에 최고의 이탈리아 미슐랭 레스토랑에서 일하고 싶다고 어필했고, 특히 정통도 좋지만 창의력 높은 음식을 하고 싶다고 강하게 이야기했다. 학교에서는 나를 좋게 봐준 덕인지 긍정적인 답변을 해주었다. 그렇게 해서 다니 메종이라는 미슐랭 2 스타 레스토랑에 출근하게 되었는데, 그 레스토랑은 나폴리의 이스키아섬에 위치한 곳이었다. 아시아 사람이 거의 없는 이스키아는 나폴리와 이탈리아 사람들이 휴양을 오는 아름다운 휴양지였는데, 레스토랑의 오너 셰프인 니노 셰프님은 바로 그 이스키아섬 출신의 남부 최고의 셰프였다. 나는 남부에서 가장 창의적이고 멋진 요리를 하는 미슐랭 레스토랑에 출근하게 된 것이었다. 기대감과 설렘, 내가 잘 할 수 있을까 하는 걱정이 가득했는데, 첫 출근 후 나에게 주어진 작업은 그리시니 만들기였다. 그리시니는 이탈리아 파인 다이닝에서는 무조건 나오는 기다란 과자 같은 빵이다. 한국에서는 파인 다이닝에서 그리시니가 잘 나오지 않지만 이탈리아에서는 무조건 나오는 필수 코스로, 셰프와 지역의 개성을 담아 손님을 환영하는 용도라고 생각하면 편하다.

재료

- 강력분 3컵
- 이스트 1t
- 소금 1t
- 꿀 1T
- 라드나 엑스트라 버진 올리브 오일 3T
- 따뜻한 물 1컵
- 세몰리나 밀가루 약간

토핑

맛 1

- (반죽에) 통깨 1T

맛 2

- (반죽에) 로즈메리 2줄기

맛 3

- 파르미자노 레자노 치즈 1T
- 세몰리나 밀가루 1T

빵 반죽의 기본

빵 반죽은 기본적으로 따뜻한 물로 해야 빠르게 발효시킬 수 있다. 물론 어떤 빵이냐에 따라 방식이 달라질 수 있으나 대부분 반죽의 시작은 따뜻한 물에 꿀이나 설탕을 녹이고 이스트를 풀어서 시작한다. 반죽기가 있으면 편하기도 하고 빵이 조금 더 잘 나오겠지만, 무반죽으로도 할 수 있는 레시피를 공유하려 한다.

만들기

(1) 40℃ 정도의 물(너무 뜨거우면 이스트가 죽을 수 있다)에 꿀과 이스트를 넣어 잘 녹여준다.

(2) 강력분에 ①을 넣고 잘 섞어준 뒤 올리브 오일이나 라드를 넣어 손으로 잘 반죽한다. 반죽이 어느 정도 뭉쳐지면 소금을 넣고 3분 정도 잘 섞어가며 골고루 저어서 반죽한다. 기호에 따라 통깨를 넣거나 로즈메리를 넣어 반죽한다.

(3) 반죽이 볼 테두리에 붙지 않고 잘 뭉쳐진다면 성공이고, 볼 테두리에 달라붙고 표면이 매끄럽지 않고 너무 질척인다면(그날의 습도나 온도에 따라 조금씩 달라질 수 있다) 강력분이나 세몰리나 밀가루를 살짝 넣어가며 반죽을 마무리한다.

(4) 반죽 표면이 매끄럽게 잘 나오면 랩을 씌우고 따뜻한 곳에 두어 2시간 정도 발효한다(겨울에는 3시간). 30분마다 깔끔이 주걱으로 폴딩해준다.

(5) 2시간 뒤 반죽이 2배 정도로 부풀었다면 그리시니 모양을 낸 뒤 180℃ 오븐에 7~8분 정도 굽는다. 두께에 따라 구워지는 시간이 달라질 수 있으므로 골든 브라운 컬러가 날 때까지 잘 지켜보며 굽는다.

(6) 반죽에 통깨나 로즈메리를 넣지 않았다면 마무리로 레자노와 세몰리나 밀가루를 살짝 뿌려 완성한다.

맛피아's tip

빵의 핵심은 반죽과 발효의 세심함이다. 온도와 습도의 영향을 많이 받기 때문에 그때그때 센스를 발휘해야 좋은 빵을 만들 수 있다. 기온이 높을 때는 반죽 온도와 발효 시간을 줄여야 하며, 습도가 높다면 반죽의 수분을 줄여야 한다.

그리시니는 여러 베리에이션을 줄 수 있다. 반죽을 하는 과정에서 로즈메리를 살짝 다져 넣으면 풍미가 상승하고, 그리시니를 모양내고 굽기 직전에 세몰리나나 통깨 혹은 굵은소금 등을 뿌려줘도 좋다. 치즈의 풍미를 주고 싶다면 그리시니가 완성되자마자 뜨거운 상태에서 파르미자노 레자노 치즈를 갈아 뿌려줘도 좋다.

Risotto al Pomodoro
로베르토의 토마토 리소토

로베르토의 스태프 밀

레스토랑에는 스태프 밀이라는 개념이 있다. 주로 남는 식재료를 활용해 요리를 하고 점심과 저녁 식사를 준비한다. 그런데 사실 말이 식사지 잘 차린 식사를 생각하면 완전한 오산이다. 이탈리아 사람들은 말 그대로 매일 파스타를 먹는다. 따라서 점심은 무조건 파스타다. 다른 곁들임 음식 따위는 없다. 무조건 파스타 한 접시가 끝인데, 이 파스타도 우리가 흔히 생각하는 단백질을 첨가한 푸짐한 롱 파스타가 아니라 단단하고 맛이 없는 숏 파스타에 소스도 그냥 대충 토마토만 비벼서 먹는다. 나는 이 스태프 밀을 싫어해서 일한 지 한 달 만에 살이 8킬로그램이나 빠졌다. 물론 강도 높은 노동과 야식이 없는 문화 때문일 수도 있지만 점심으로 나오는 스태프 밀 파스타를 먹기가 싫었기 때문이다. 심지어 앉아서 여유 있게 먹기보다는 대부분 짬이 날 때 서서 파스타 몇 조각을 먹는 경우가 많았다. 레스토랑의 점심시간은 일반적인 직장인처럼 1시간씩 자유 시간이 주어지고 알아서 먹는 개념이 아니다. 그냥 일을 하는 중간에 잠깐 입에 칼로리를 채우는 시간이고 서서 1분 내로 식사를 끝내거나 아예 못 먹는 경우도 많았다. 그러나 그 누구도 불평하는

사람은 없다. 모두 이 일을 정말 사랑하고 이 일을 하기 위해 왔기 때문이다. 그러던 차에 나와 같은 학교인 ALMA에서 스타지를 나온 볼로냐 친구 로베르토는 나와 나이도 같았고 굉장히 착하고 유한 편이었다. 다른 동료들은 보다 남성적이고 성격이 급했다면 로베르토는 다소 너드미도 있었고 영어도 잘해서 초반에 적응하는 걸 많이 도와준 고마운 친구다. 아무튼 그 친구가 어느 날 스태프 밀로 토마토 리소토에 모차렐라와 바질을 대충 올려서 준비했는데, 정말 충격적인 맛이었다. 아직도 그 음식의 맛을 잊지 못한다. 산도 높고 달콤한 토마토소스와 알덴테로 익힌 쌀알의 식감, 부드럽고 풍부한 입에 가득 차는 수분감 넘치는 나폴리의 모차렐라 치즈에 향기롭고 신선한 바질까지. 그 전까지 리소토라는 음식에 크게 매력을 느끼지 못했는데, 이 음식을 먹고 생각이 완전히 바뀌었다. '아, 리소토를 이렇게도 할 수 있구나', '이렇게 맛있는 음식이었구나'라고 깨닫게 해준, 어떻게 보면 지금의 리소토 광인으로 이끌어준 고마운 음식이었다.

재료

· 기본 토마토소스(P. 68) 1컵

· 씻어나온 신동진 쌀 1컵

· 엑스트라 버진 올리브 오일 5T

· 파르미자노 레자노 ½컵

· 프레시 모차렐라 치즈 1개

· 바질 잎 5장

· 소금 약간

· 후춧가루 약간

맛피아's tip

나폴리의 상징적인 재료를 넣은 남부 스타일의 리소토다. 토마토의 감칠맛과 산미, 부드러운 모차렐라 치즈와 향이 강한 바질이 여름철 입맛을 돋워준다.

만들기

(1) 쌀을 팬에 살짝 볶아준 뒤 토마토소스와 따뜻한 물을 익을 때까지 계속 조금씩 부어가며 리소토를 만든다.

(2) 천천히 저어가며 15분 정도 쌀을 익혀준 뒤 알덴테로 잘 익으면 불을 끄고 파르미자노 레자노 치즈와 엑스트라 버진 올리브 오일 3T을 넣어 만테카레해준다.

(3) 바질 2장은 잘게 썰어 만테카레 단계에서 넣어 잘 저어주고 나머지 3장은 거칠게 찢어 장식한다. 이때 모차렐라도 거칠게 찢거나 썰어서 곁들인 뒤 마무리로 엑스트라 버진 올리브 오일 2T을 뿌려 마무리한다.
요리 중간에 최소 다섯 번 정도 간을 보며 소금과 후춧가루를 추가한다.

 추천 와인

이탈리아의 레드 와인은 대부분 토마토와 궁합이 좋다. 적절한 산미와 과실 뉘앙스가 토마토와 환상적인 궁합을 자랑하기 때문이다. 특히 이런 가볍고 프레시한 토마토 베이스 요리에는 저렴한 이탈리아 와인도 좋은 밸런스를 더해준다. 네로 다볼라나 돌체토를 추천한다.

Bruschetta
브루스게타

안토니오의 깜짝 휴일 요리

휴일은 언제나 달콤하지만 예상치 못한 휴일은 더욱더 달콤한 법. 갑자기 셰프가 일정이 생기는 날이면 레스토랑은 문을 닫았다. 셰프가 없다면 레스토랑을 열지 않는 게 우리 레스토랑의 철칙이었기 때문이다. 나는 이 원칙에 굉장히 동의한다. 레스토랑에 셰프가 없다면 존재 가치가 있을까? 손님들은 셰프의 음식을 먹으러 오는 걸 텐데 말이다. 갑작스럽게 셰프님에게 일이 생겨서 함께 생활하는 직원들끼리 숙소에서 음식을 해 먹기로 했다. 뜨거운 나폴리의 태양 아래 오래되어 딱딱해진 빵을 얇게 자르고 오일에 바삭하게 구워낸 다음 신선한 나폴리의 토마토와 바질을 잔뜩 올려 먹었다. 브루스게타는 가장 간편하면서도 맛있고 건강한, 가장 나폴리스러운 음식이다. 사실 레시피가 특별하진 않다. 그러나 그만큼 재료가 가장 중요하다.

맛피아's tip

브루스게타는 이탈리아에서 가장 많이 먹는 심플하고 맛있는 애피타이저다. 기본적으로는 코스의 시작을 알리는 안티파스토 역할을 하지만 브런치처럼 늦은 아침 식사나 가벼운 점심으로도 제격이다. 건강하고 맛있고 나폴리스러운 한 끼가 되어줄 것이다.

재료

- 바게트나 포카치아 등의 빵 적당량
- 방울토마토와 품질 좋은 잘 익은 토마토 적당량
- 엑스트라 버진 올리브 오일 ½컵
- 마늘 3톨
- 바질 10장
- 발사믹 글레이즈 적당량
- 설탕 2t
- 소금 2t
- 후춧가루 1t

만들기

(1) 빵은 올리브 오일 ¼컵에 약한 불에서 앞뒤로 살짝 구워 낸다.

(2) 마늘은 반으로 잘라 단단한 빵 표면에 잘 비벼 향만 입 혀낸다.

(3) 방울토마토와 완숙 토마토는 작은 주사위 형태로 잘라서 소금, 설탕, 굵은 후춧가루에 엑스트라 버진 올리브 오일 ¼컵을 넣고 잘 섞어준다.

(4) 바질은 슬라이스해서 절반 정도만 토마토와 함께 버무려준다.

(5) 잘 구운 빵에 토마토를 올리고 발사믹 글레이즈와 바질잎을 올려 마무리한다.

(6) 기호에 따라 모차렐라 치즈나 햄 등을 올려서 먹어도 좋다.

 추천 와인

부르스게타는 식전에 애피타이저로 가볍게 먹는 음식이기 때문에 본격적인 와인이나 맥주보다는 스프리츠류가 잘 어울린다고 생각한다. 식전에 이탈리아 사람들이 즐겨 마시는 아페롤 스프리츠나 캄파리를 이용한 칵테일을 추천한다.

Coniglio all'ischitana
이스키아식 토끼 파스타

지오반니의 집으로

다니 메종에는 여러 명의 스타지가 있었지만, 대부분은 이탈리아의 다른 지역 출신이었다. 하지만 상남자 스타일의 내 친구 지오반니는 이스키아 토박이로 사투리가 심각한 수준이라 말을 알아듣는 게 거의 불가능했다. 그렇지만 때 묻지 않고 순수하면서도 강인한 외모와 성격을 지니고 있어서 굉장히 호감 가는 스타일이었다. 길게 묶어 단단하게 고정한 헤어스타일이 시그너처였던 지오반니의 가족은 이스키아에서 토끼 농장을 하고 있었는데, 토끼는 이스키아의 가장 흔한 단백질원이자 특산물이었다. 지오반니는 어느 날 가족과 함께 사는 집에 직원들을 모두 초대해 조촐한 파티를 열었는데, 그때 내 인생 처음으로 토끼 고기로 만든 소스를 파스타와 함께 먹었다. 그 맛이 지금도 잊히지 않는다. 비주얼은 다소 폭력적일 수 있지만 맛은 도저히 거부할 수가 없었다. 나는 그날 토끼 고기 파스타를 세 그릇이나 비워냈다. 이탈리아 친구들도 내가 코를 박고 먹는 모습을 보고 상당히 놀랐다. 토끼는 전 세계에서 3~4위를 다투는 가장 널리 소비되는 단백질원이다. 지방이 적어 굉장히 담백해서 닭 가슴살 같은 느낌이 강하지만 조금 더 탄력이 있다.

토끼 고기의 특징

토끼는 지방이 적고 단백질 함량이 높아 식감과 맛이 닭과 굉장히 유사하다. 국내 농장에서도 식용 토끼를 기르는 곳이 꽤 있어서 인터넷에서 검색해보면 생각보다 쉽게 재료를 구할 수 있다. 닭보다는 다소 살이 단단하고 육향이 진한 편이라 다양한 허브를 사용해서 약한 불에서 천천히 오래 익혀야 맛있게 즐길 수 있다.

🍷 추천 와인

토끼 고기는 담백하다. 따라서 레드 와인보다는 시원한 화이트 와인이 조금 더 잘 어울린다고 생각한다. 따라서 나폴리에서 주로 먹는 저렴한 화이트 와인인 피아노라는 품종을 사용한 화이트 와인을 차갑게 해서 곁들이면 금상첨화.

재료

· 스파게티 100g

· 토끼 고기 500g

· 토마토퓌레 300g

· 양파 1개

· 당근 ⅓개

· 셀러리 4줄기

· 마늘 6톨

· 월계수 잎 2장

· 로즈메리 3줄기

· 화이트 와인 ½컵

· 엑스트라 버진 올리브 오일 ¾컵 + 약간

· 파르미자노 레자노 치즈 ½컵

· 소금 약간

· 후춧가루 약간

· 천일염 20~25g

만들기

(1) 토끼 고기는 먹기 좋은 한입 크기로 썰어서 뼈째 올리브 오일 ¾컵에 겉면을 구워준다.

(2) 양파와 당근, 셀러리, 그리고 마늘은 작게 다지거나 블렌더로 갈아 냄비에 넣어 토끼 고기와 함께 익힌다. 양파가 투명해질 때까지 익히면 되고 색을 내거나 너무 강한 불에서 조리하지 않는다.

(3) 화이트 와인(레드 와인도 괜찮다)을 넣어 알코올을 잠시 날려준 뒤 토마토퓌레를 넣는다.

(4) 토마토퓌레와 와인이 어느 정도 졸아들도록 10분 정도 가열한 뒤 물을 2L 정도 추가해 약한 불로 줄여 후춧가루와 소금, 로즈메리와 월계수 잎을 넣어 3시간 이상 저어가며 조리한다.

(5) 고기가 부드럽게 잘 익고 소스가 많이 졸아들었으면 마무리로 소금 간을 더 해준다.

(6) 스파게티나 건면 파스타를 염도 1.5~2%(물 1L에 천일염 20~25g)의 끓는 물에 넣어 알덴테로 잘 삶아준다.

(7) 팬에 토끼 고기와 소스를 넣고 잘 익힌 파스타 면을 넣어 조금 볶아주다가 파르미자노 레자노 치즈와 엑스트라 버진 올리브 오일을 약간 넣어 만테카레해서 마무리한다.

(8) 기호에 맞게 치즈나 바질 등을 추가로 올려줘도 좋다.

인생 요리

Pasta e Patate
파스타 에 파타테

정통과 혁신의 감자 파스타

감자 파스타는 나폴리 사람들의 솔 푸드다. 나폴리는 여러 번 강조하지만 가난하고 힘든 시절을 보내왔다. 특히 세계대전을 겪으며 나폴리는 먹고살기가 너무 힘들어졌고, 파스타를 사치스럽게 먹는 풍족한 식사는 거의 불가능했다. 따라서 한 끼를 든든하게 채우기 위해서 열량도 높으면서 천대받아 가격도 저렴했던 감자를 파스타에 비벼 먹기 시작했다. 감자는 푹 삶아 으깨질 정도로 저어주고 여러 허브나 고기 혹은 치즈 등을 넣기도 한다. 맛은 당연하게도 특별하지는 않다. 감자와 파스타라니, 생각만 해도 헤비하지 않은가? 탄수화물에 탄수화물을 더하고 단백질과 지방까지, 어떻게 보면 과하게 느껴질 수도 있지만, 음식의 탄생과 시대적 배경을 생각하면 이해가 간다. 나폴리 사람들은 항상 굶주려 있었고, 감자 파스타는 배고픔을 잊게 해주는 최고의 영양 만점 음식이었다.

재료

· 숏 파스타 200g

· 감자 2개

· 판체타나 베이컨 혹은 관찰레 100g

· 엑스트라 버진 올리브 오일 5T

· 바질 잎 5장

· 로즈메리 3줄기

· 마늘 3톨

· 양파 ½개

· 당근 ⅕개

· 셀러리 1줄기

· 페코리노 로마노 치즈나 파르미자노 레자노 ½컵

· 프로볼로네 치즈 ½컵

· 토마토퓌레 ½컵

· 화이트 와인이나 육수 1컵

· 소금 약간

· 후춧가루 약간

맛피아's tip

파스타를 팬에서 마무리할 때 물을 너무 많이 넣으면 맛이 밍밍해질 수 있기 때문에 물은 파스타가 익은 정도를 살펴가면서 조절하는 게 좋다. 소금은 치즈를 넣을 것을 가정하고 적당히 넣어야 알맞게 먹을 수 있다.

만들기

(1) 감자는 껍질을 벗겨 주사위 모양으로 자르고 양파, 당근, 셀러리는 곱게 다지거나 갈아서 준비한다.

(2) 판체타를 주사위 모양으로 잘라서 오일에 볶고 어느 정도 지방이 녹아 나오면 양파, 당근, 셀러리에 다진 마늘을 넣어 10분 정도 볶아준다.

(3) 토마토퓌레와 감자를 썰어 넣어 가볍게 볶아주고 화이트 와인이나 육수를 1컵 넣어준다.

(4) 로즈메리나 타임, 월계수 잎을 넣고 소금, 후춧가루로 기본적인 간을 한 뒤 파스타를 넣는다.

(5) 소스가 자작하게 졸아들고 파스타가 잘 익으면 불을 끄고 간을 해준 뒤 로즈메리를 제거한다.

(6) 마무리로 프로볼로네와 페코리노 로마노 치즈를 넣고 바질을 올려 마무리한다.

추천 와인

나폴리의 화이트 와인 피아노. 피아노는 나폴리에서 가볍게 많이 먹는 화이트 와인 품종이다. 이탈리아 남부에서 자주 먹는 와인이며 특히 아벨리노산 피아노가 맛이 좋은 걸로 유명하다. 화사한 꽃 향과 산미 미네랄리티가 다소 무거운 듯한 감자 파스타와 굉장히 좋은 페어링을 이룬다.

인생 요리

Fritti Misti
비아 톨레도를 걸으며 만난 해산물 튀김

나폴리에서 가장 번화한 거리

비아 톨레도(Via Toledo)는 나폴리에서 가장 번화한 거리의 이름이자 나의 첫 레스토랑 이름이기도 하다. 이스키아에서의 행복하고도 힘들었던 근무가 모두 끝나고 나폴리에서 한 달 정도 혼자 휴가를 보낸 적이 있다. 그때 숙소를 비아 톨레도 근처에 잡았고(가장 번화한 곳이었기 때문에) 매일매일 그 길을 걸어 다니며 사색에도 잠기고 앞으로의 인생에 대한 고민, 그리고 요리에 대한 아이디어를 얻기도 했다. 비아 톨레도를 걸으면 눈과 코가 즐거웠다. 다양한 인종의 사람들과 나폴리의 분위기, 그리고 여러 상점, 길거리 음식. 특히 튀김 요리가 많은 나폴리 특성상 고소한 기름 냄새가 많이 났는데, 여러 종류의 튀김을 종이 깔때기에 담아주었고, 튀긴 피자나 감자 크로켓 등 길거리 음식이 즐비했다. 특히 내가 가장 좋아하기도 하고 인기 있던 길거리 음식은 해산물 모둠 튀김이었다. 한치나 새우, 생선 등을 가볍게 세몰리나 밀가루만 발라 튀기고 소금을 뿌린다. 별도의 소스는 필요 없이 레몬만 가볍게 짜서 먹는데, 가장 심플하면서도 강력한 맛을 낸다.

재료

· 한치나 갑오징어 1마리

· 탈각 새우 10마리

· 껍질을 벗긴 홍합 10개

· 생선 필레 1장

· 레몬 ½개

· 세몰리나가루 2컵

· 박력분 1컵

· 소금 약간

· 후춧가루 약간

· 식용유 적당량

나폴리식 해산물 튀김의 기본

신선한 해산물을 바로 튀겨 길거리에서 먹는 즐거움은 나폴리에 가면 꼭 누려야 하는 일이다. 나폴리식 해산물 튀김에는 물 반죽 없이 밀가루만 쓴다. 기본적으로 소금 간은 하지 않고, 세몰리나 밀가루만 가볍게 묻혀 튀겨낸다. 튀김이지만 재료 본연의 맛을 살리는 게 중요하다.

만들기

(1) 해산물은 잘 손질해서 한입 크기로 썰어준다.

(2) 요리용 비닐 봉투에 세몰리나 밀가루와 박력분을 총 3컵 정도 넉넉히 담아준다.
세몰리나만 묻히는 게 정통에 더 가깝지만 박력분을 섞어야 더 바삭해진다.

(3) 해산물의 물기를 어느 정도 제거한 뒤 밀가루가 든 봉투에 넣고 공기를 넣은 뒤 마구 섞는다. 봉투가 없다면 밀가루를 묻힌 해산물을 가볍게 체에 내려 튀긴다.

(4) 190℃로 기름을 예열한 뒤 짧게 3분 정도 내로 튀겨낸다.

(5) 튀겨낸 튀김은 채반에 올려 뜨거울 때 소금과 후춧가루를 골고루 뿌려준다.

(6) 먹을 때는 레몬을 뿌린다.
기호에 맞게 약간의 파슬리나 바질을 다져서 올려도 좋다.

맛피아's tip

이탈리아식 튀김을 할 때는 물 반죽을 하지 않고 가볍게 세몰리나 밀가루만 입혀서 튀겨 낸다. 튀김 자체의 바삭한 느낌보다는 라이트하고 가벼운 게 특징. 물 반죽을 하지 않기 때문에 소금 간은 완성된 튀김에 레몬즙과 함께 살짝 가미한다.

 추천 와인

해산물 튀김에는 이탈리아 맥주가 가장 좋다. 와인은 산도 높은 이탈리아의 스파클링이나 살짝 달달한 맛이 있는 프로세코를 추천한다.

인생 요리

Lasagna
홈 파티 라자냐

홈 파티에 어울리는 음식, 라자냐

나폴리에서의 휴가를 마무리한 뒤 정든 나폴리를 떠나 베네토 주 파도바라는 도시의 미슐랭 3 스타 레스토랑에서 일하게 되었다. 베네토는 베네치아 옆에 위치한, 이탈리아 북부의 꽤 조용하면서도 잘 사는 동네에 속한다. 이곳으로 떠나기 전 나는 나폴리에서 만난 친구를 몇 명 초대해서 홈 파티를 할 계획이었다. 파티 메뉴로는 한식 몇 개와 라자냐가 제격이라고 생각했고, 내가 먹으려고 끓였다가 남은 라구소스에 베샤멜소스, 그리고 파스타 면을 사 와 2~3시간에 걸쳐 라자냐를 완성했다. 라자냐는 이탈리아에서는 할머니와 어머니의 정성이 담긴 일요일의 단골 메뉴다. 아침부터 푹 끓여낸 라구소스에 베샤멜을 바르고 파스타는 생면 혹은 건면을 사용해 일요일 아침부터 최소 6시간 이상을 들여야 맛볼 수 있는, 정성과 사랑이 담긴 메뉴다. 떠나기 아쉬운 시원섭섭했던 내 마음을 라자냐로 표현해보았다.

재료

· 라자냐용 파스타 면 2팩

· 라구소스(P. 114) 600g

· 파르미자노 레자노 치즈(간 것) 1컵

· 프로볼로네 치즈 1컵

· 모차렐라 치즈 1컵

· 베샤멜소스(P. 69) 300g

· (면을 삶을 경우) 천일염 약간

만들기

(1) 라자냐 면은 두 종류가 있다. 물에 한번 삶아서 사용하는 것과 삶지 않고 사용해도 되는 것(포장지를 잘 보면 쓰여 있다). 물에 삶아야 하는 라자냐 면은 끓는 물에 천일염을 넣고 한번 끓였다가 식혀서 오일을 발라두거나 얼음물에 넣어둔다. 삶지 않아도 되는 라자냐 면은 물에 끓이지 않고 바로 라자냐에 투입한다.

(2) 넓은 판에 종이 포일을 깔고 라구소스와 베샤멜을 적당량 발라준다. 그런 다음 라자냐 면을 깔아주고 치즈를 취향에 맞게 뿌린다. 다만 모차렐라는 너무 많이 넣어선 안 된다. 모차렐라를 과하게 넣으면 질겨지고 라자냐 특유의 고기 풍미가 가려진다.

(3) 이런 식으로 베샤멜과 라자냐 면, 소스를 번갈아 바르고 중간중간 치즈를 더해서 계속 쌓아준다. 많이 쌓으면 쌓을수록 좋으며 중간중간 손으로 눌러줘야 소스가 빈틈없이 배어들 수 있다.

(4) 소스와 라자냐 면을 다 사용했다면 맨 위에 남은 소스와 치즈를 올리고 종이 포일을 한 장 깔아준 뒤 쿠킹 포일로 덮는다.

(5) 포일을 덮은 채 180℃ 오븐에 30분 이상 초벌한다. 30분 뒤에 쿠킹 포일을 벗기고 180℃ 오븐에서 20분 더 익혀낸다. 포일을 덮어서 굽는 과정은 속을 익히는 과정이고 포일을 빼고 익히는 과정은 겉면을 크리스피하게 익혀내는 과정이다.

(6) 한번 식혀서 자른 뒤 오븐에 한번 더 구워서(180℃에 7~8분) 토마토소스, 치즈를 뿌려 함께 곁들인다.

맛피아's tip

생면을 사용하면 훨씬 더 맛있게 먹을 수 있지만 손이 굉장히 많이 가므로 처음에는 건면 라자냐 면으로 테스트해보고 점점 익숙해지면 생면 파스타로도 만들어보는 걸 추천한다.

인생 요리

Ravioli con Guancia Brasata
소 볼살 라비올리

북부로 가다

파도바의 첫인상은 나폴리와는 전혀 달랐다. 조용하면서도 정돈된 프랑스의 작은 도시를 떠올리게 하는 느낌이었다(실제로 파도바는 프랑스가 나폴리보다 가깝다). 도시 자체는 나폴리보다 크게 매력적으로 다가오지 않았다. 개성과 활력이 넘치고 다양한 색감과 넓은 바다가 넘실거리는 나폴리가 그리웠다. 하지만 미슐랭 3 스타는 요리사 꿈나무들에게는 꿈의 레스토랑이었고 알라이모(Alajmo) 셰프님은 이탈리아 최고의 셰프 중 한 명으로 전 세계에서 가장 어린 나이에 미슐랭 3 스타를 획득한 어마어마한 분이었다. 게다가 10개 정도의 식당을 운영하는 셰프이자 일종의 기업가이기도 했다. 그중 레 칼란드레라는 레스토랑은 셰프님의 가장 주된 식당이었고, 월드 베스트 50에 매번 순위에 들어 있는 세계적인 레스토랑이었다. 첫날에는 레스토랑을 소개받으며 가볍게 둘러보았고, 다음 날부터 출근하기로 한 다음 짐을 풀고 휴식을 취했다. 꼭 이곳에서 많은 걸 배우고 싶었기에 설렘과 긴장으로 첫날을 보냈다. 그렇게 첫 출근을 하

고 정신없이 일주일이 지났다. 보통 첫 일주일은 그다지 큰 일이 주어지지는 않는다. 레스토랑에 적응할 시간을 주고 각각의 기물이나 재료의 위치를 파악하고 사람들과 얼굴을 트는 시간을 주는 것이다. 그렇게 며칠이 지나고 나에게 주어진 메인 업무는 소 볼살을 푹 쪄내 라비올리를 만드는 것이었다. 소 볼살은 원래 굉장히 질기다. 초식동물은 되새김질을 통해 저작 운동을 한다. 그 때문에 볼살은 힘줄과 근육이 많아 질긴 부위지만 이 근육들은 오랜 시간 조리하면 젤라틴화되면서 굉장히 부드럽고 촉촉한 식감을 준다. 4시간 이상 와인에 조린 소 볼살로 라비올리를 만들면 굉장히 부드러우면서도 풍미가 강해진다. 처음에는 조금 헤맸지만 하루 이틀 만에 라비올리를 완벽하고 빠르게 만들어내게 되었고, 내가 만든 라비올리를 비롯한 다양한 식재료가 가장 섬세하고 아름답다는 칭찬을 들었다. 이 레스토랑의 시스템은 간단하다. 주어진 업무를 완벽하게 수행하면 다음 단계의 새로운 업무가 주어진다. 그것도 잘하면 또 다른 업무를 준다. 그런 식으로 계속해서 높이 올라갈 수 있다. 실력이 없다면 업무도 주어지지 않고 실력이 있다면 새로운 업무를 준다. 게임 퀘스트를 깨는 느낌과 비슷했다. 그 당시에는 익숙하지 않은 일을 계속 주는 데다 자꾸 새로운 업무를 주니까 힘들었는데, 몇 달이 지나고 나서 이 시스템 덕에 정말 다양한 것을 배우게 되었다.

재료

· 소 볼살 500g

· 레드 와인 2컵

· 양파 ½개

· 당근 ⅛개

· 셀러리 2줄기

· 마늘 5톨

· 월계수 잎 1장

· 타임 5줄기

· 로즈메리 5줄기

· 버터 70g

· 파르미자노 레자노 ½컵

· 생면 반죽 100g

· 소금 약간

· 후춧가루 약간

이탈리아의 만두, 라비올리

라비올리는 이탈리아의 만두라고 생각하면 이해하기 쉽다. 다양한 속 재료를 채워 베리에이션을 줄 수 있는데, 리코타나 단호박 등으로 속을 채운 파스타가 대표적이다.

추천 와인

소 볼살에는 진한 레드 와인이 제격이다. 바롤로나 바르바레스코 혹은 산조베세 베이스의 브루넬로 디 몬탈치노 등 고급 이탈리아 레드 와인을 페어링한다.

만들기

(1) 냄비에 양파와 당근, 셀러리와 마늘을 넣어 양파가 투명해질 때까지 볶아준다.

(2) 소 볼살은 찬물에 핏물을 1시간 정도 빼준 뒤 물기를 잘 털어 냄비에 넣어 볶는다. 물기가 다 날아가면 레드 와인을 넣어 조려준다.

(3) 허브와 월계수 잎, 그리고 육수나 물을 재료가 다 잠길 정도로 넣어 2시간 이상 푹 삶아준다.
소 볼살이 으깨질 때까지 푹 삶아 부드럽게 조리한다. 이때 절대 타지 않도록 조심한다.

(4) 소 볼살의 콜라겐이 녹아 부드럽게 으깨질 정도가 되면 물기를 전부 날릴 때까지 끓여주며 섞어준 뒤 허브와 월계수 잎은 제거하고 소금과 후춧가루로 간한다.

(5) 버터 30g과 치즈를 넣어 마무리한 뒤 한 김 식히는 동안 라비올리 면을 편다. 생면을 가능한 한 얇게 펴주는 게 중요하다.

(6) 파스타 면에 요리용 붓이나 스프레이로 찬물을 발라주고 식힌 소 볼살을 한 스푼씩 올려준다.

(7) 윗면을 덮어 공기를 빼내고 모양을 잡아준다.

(8) 끓는 물에 라비올리를 넣은 뒤 떠오르기 시작한 때부터 1분 정도 더 삶아준다.

(9) 팬에 버터 40g과 면수 ½컵 정도를 넣어주고 라비올리를 넣어 살짝 가열해가면서 면에 버터 코팅을 해준다.

(10) 트러플 등을 마무리로 뿌려주면 더욱 고급스러운 디시가 완성된다.

맛피아's tip

소 볼살은 이탈리아에서 애용하는 식재료다. 푹 조려 여기저기 매칭하면 고급스러운 풍미와 식감을 줄 수 있다.

Tiramisù
정통 베네토식 티라미수

정통 티라미수

라비올리를 비롯해 디저트까지 완벽하게 수행하자 나에게 점점 더 많은 업무가 부여되었다. 이탈리아를 상징하는 디저트인 티라미수는 베네토라는 지역의 정통 음식이다. 파도바 역시 베네토에 속한 지역이기 때문에 티라미수를 굉장히 많이 사용했는데, 이곳에서 일하면서 정통 티라미수를 직접 먹고 만들어볼 기회를 가지게 되었다. 티라미수는 이탈리아뿐 아니라 전 세계적인 디저트다. 한국에서도 굉장히 인기가 많은데, 정통 레시피는 한국식 티라미수와는 다소 다르다. 크림보다는 달걀의 역할이 중요한데, 달걀의 꾸덕함과 고소한 맛이 핵심이다. 이때 티라미수의 본고장에서 제대로 배운 정통 티라미수는 훗날 나에게 가장 대표적인 시그너처 디저트가 되어주기도 했고, 가장 큰 위기에 빠진 순간에 나를 빛나게 해주었다.

🍾 **추천 와인**

시칠리아의 주정 강화 와인 마르살라와 티라미수는 완벽한 조합을 자랑한다.

재료

· 마스카르포네 치즈 500g

· 달걀 4개

꾸덕한 티라미수를 만드는 핵심은 신선한 달걀이다. 달걀을 완전히 익히지 않기 때문에 꼭 신선한 것을 사용해야 한다.

· 사보이아르디(레이디 핑거) 12개

· 설탕 100g

· 에스프레소나 아메리카노 200g

· 토핑용 카카오 파우더 적당량

맛피아's tip

에스프레소에 약간의 술을 넣는 것도 풍미를 향상시키는 방법이다. 아마레토나 베일리스 혹은 칼루아 같은 커피 리큐어도 좋고, 위스키를 살짝 넣어도 좋다. 이탈리아 디저트는 술을 활용하는 경우가 많다.

만들기

(1) 달걀은 흰자와 노른자를 완벽하게 분리한다.

(2) 설탕은 절반을 나눠 흰자와 노른자에 각각 넣어준다.

(3) 흰자와 설탕은 거품기로 머랭을 쳐준다. 약 90%까지 머랭을 들어 올렸을 때 흐르지 않고 5초 이상 형태가 유지될 정도로 완전하게 머랭을 쳐준다.

(4) 노른자와 설탕도 거품기로 쳐준다. 이때 조금 더 안전하게 조리하고 싶다면 따뜻한 물에 중탕을 하며 거품기를 쳐주면 좋다. 60℃ 내외로 노른자가 익지 않게 잘 섞다 보면 꾸덕해진다.

(5) 여기에 마스카르포네 치즈를 넣고 잘 섞어준 뒤 흰자 머랭을 넣는다.

(6) 머랭을 넣고 나서는 거품기를 쓰지 않고 깔끔이 주걱을 사용해서 부드럽게 폴딩해서 섞어준다.

(7) 사보이아르디 쿠키는 에스프레소에 살짝 적셔서 그릇에 담고 1층을 잘 깔아준다.

(8) 커피에 적신 쿠키에 크림을 잘 발라준 뒤 다시 또 2층에 쿠키를 쌓는 과정을 반복한다.

(9) 2층에서 3층까지만 쌓아주고 깔끔이 주걱으로 모양을 잘 잡아 카카오 파우더를 체에 쳐서 마무리한다.

Spaghetti alle Vongole
비아 톨레도의 시그너처 봉골레 파스타

내 가게를 차리다

이탈리아에서 유학을 마치고 한국에 돌아오고 나서 바로 영국으로 출국하려 했다. 고든 램지 셰프님의 초대를 받아 영국에서 일하고자 하는 꿈을 키우고 있었기 때문이다. 하지만 세상일은 역시 계획대로 진행되지 않았다. 영국에 가기 위해서는 비자가 필요했다. 고든 램지 셰프님의 레스토랑을 총괄하는 매니저님과 메일을 주고받으며 워킹 홀리데이 비자를 취득해 영국에 가는 쪽으로 이야기가 되었고, 이탈리아에 있을 때부터 비자 신청을 준비했다. 영국 워킹 홀리데이 같은 경우는 그렇게 까다로운 서류가 필요하지는 않았고 기본적인 서류와 토익 점수 600점인가만 넘으면 되었다. 토익은 처음 공부했지만 책 몇 권을 독학하고 기출 문제 위주로 풀다 보니 그렇게 어렵지 않았다. 한 달 정도 독학하고 나서 시험을 치니 880점이 나왔다. 아마도 고든 램지 셰프님 영상을 통해 영어를 열심히 배운 덕분일 것이다. 아무튼 그렇게 비자 신청을 했지만 두 번이나 떨어졌다.

영국 워킹 홀리데이는 운이 많이 작용한다. 약 50퍼센트의 확률(뽑기)로 절반만 합격하는데, 그 50퍼센트의 확률이 두 번이나 날 비껴갔다. 그 와중에 코로나 사태까지 터지며 전 세계가 봉쇄되기 시작했다. 지금 생각해보면 이때 영국에 가지 못한 게 신의 뜻이었던 것 같다. 만약 영국에 갔다면 코로나 때문에 일도 못하고 집에 갇혀 시간과 돈만 낭비했을 것이다. 나는 운이 없는 게 아니라 운이 좋았던 것이고, 이 모든 것은 지금의 나를 위한 계산된 운명이었나 보다. 어찌 됐건 서울에서 일하고 있던 나는 그 어디에서도 만족하지 못했다. 불과 몇 달 전까지 세계 파인 다이닝 계의 최전선에서 근무했고, 앞으로도 세계를 돌며 살고 싶었다. 그렇기에 한국에서 요리사로 일하는 것은 개인적인 자아실현과 성장의 만족감을 채워주지 못했다. 그래서 그동안 번 소소한 자본금을 모아 파스타집을 차리기로 결심했다. 그때가 만 나이로 스물일곱 살쯤 되었을 때였고, 코로나가 가장 극심한 시기였다.

　당시에 코로나 때문이긴 했지만 파인 다이닝과 오마카세, 그리고 생면 파스타 바가 대유행했다. 특히 파스타 바는 서울에 몇 개 없었고 내가 가장 잘할 수 있는 장르라고 생각해서 2017년 7월 지금의 비아 톨레도 파스타 바를 오픈했다. 비아 톨레도는 나폴리의 거리 이름이자 내가 살던 지역으로 서울에 가게를 차리게 되면 꼭 이 이름을 쓰려고 마음먹었다.

　가게 오픈과 함께 지금까지 나와 꾸준히 함께한 메뉴가 바로 봉골레다. 봉골레는 나폴리를 대표하는 음식이기도 하지만 전 세계에서 가장 유명한 이탤리언 파스타다. 나는 이 음식을 정말 잘하고 싶었고, 개인적으로도 가장 좋아하는 파스타였기에 애정이 갔다. 잘 만든 봉골레는 심플하다. 신선한 조개의 짭짤한 감칠맛, 그리고 방울토마토와 파슬리에 약간의 빵가루와 알덴테 파스타 면까지. 언제나 거부할 수 없는 이 중독적인 감칠맛의 결정체가 우리 가게의 상징 중 하나가 되었다.

재료

스파게티 100g, 바지락 200g, 마늘 2톨, 페페론치노 1개, 엑스트라 버진 올리브 오일 ½컵+약간, 다진 이탤리언 파슬리 1T, 몰리카 빵가루 2T, 화이트 와인 3T, 대추방울토마토 6개, 레몬 1개(제스트용), 소금 약간, 후춧가루 약간, 천일염(면 삶기용) 약간

※ 몰리카는 남부 시칠리아와 나폴리 등지에서 자주 파스타에 토핑으로 올리는 빵가루다. 직역하면 빵의 속을 의미하기도 하며, 보통 말린 빵을 갈거나 빵가루 제품을 사용해서 만든다. 엑스트라 버진 올리브 오일에 가볍게 간 마늘이나 파슬리 혹은 안초비 정도를 이용해 향을 입혀낸 뒤 빵가루를 바삭하게 볶아내는데, 태우거나 온도가 높아선 절대 안 된다. 이렇게 바삭하게 볶아낸 빵가루는 오일 베이스나 해산물 베이스 파스타에 올려서 먹곤 한다. 남부 이탈리아에서 가난했던 시절 치즈를 뿌려 먹지 못해 먹다 남은 빵을 사용해 몰리카를 만들어 뿌려 먹었다는 이야기가 있다.

맛피아's tip

바지락이나 백합 혹은 모시조개, 어떤 것이든 사용해도 무방하지만 해감은 잘해야 한다. 해감의 핵심은 바다와 똑같은 환경을 조성하는 것이다. 반드시 정제 소금이 아닌 천일염을 사용해야 하고, 차가운 물을 볼에 넣고 3%의 염도를 맞춰 조개를 넣는다. 이때 채반으로 조개를 볼 바닥에서 살짝 올려주면 조개가 뱉은 모래가 바닥으로 자연스럽게 떨어져 효과적으로 해감할 수 있다. 냉장고에 보관할 때는 알루미늄 포일로 감싸 어둡게 해주고 너무 차가운 곳보다는 냉장고 입구 쪽에 두는 게 좋다. 또 가능한 한 조용하고 진동이 없도록 문을 여닫지 않는 게 중요하며 최소 5시간 이상 해감해주는 게 좋다.

만들기

(1) 팬에 오일 ½컵과 다진 마늘을 약한 불에서 볶아준 뒤 페페론치노와 해감한 바지락, 화이트 와인을 넣어 알코올을 날려준다(마늘은 색이 나지 않도록 유의한다).

(2) 바지락이 입을 벌리면 껍질을 제거한 뒤 바지락은 따로 건져낸다(그러지 않으면 바지락 살이 오버쿡되어 너무 딱딱해진다). 여기에 이탤리언 파슬리를 다져서 넣는다.

(3) 방울토마토는 4등분해 팬에 넣고, 스파게티 면은 알덴테로 잘 삶아서 팬에 넣어준 뒤 간이 부족하면 면수를 더해준다.

(4) 소금과 후춧가루로 간한 다음 농도가 완성되면 엑스트라 버진 올리브 오일 약간을 넣고 불을 끈 뒤 만테카레한다.

(5) 파스타를 플레이팅하고 몰리카 빵가루를 올려 마무리한다.

(6) 약간의 포인트로 레몬 제스트를 뿌려 신선함을 더해준다.

추천 와인

봉골레는 웬만한 화이트 와인이나 스파클링 와인과 환상적인 궁합을 자랑한다. 미네랄리티가 풍부하고 산도가 높은 깔끔한 화이트 와인이 좋은데, 주로 선호하는 와인은 시칠리아의 카리칸테 품종을 사용한 화이트 와인이나 소비뇽 블랑 혹은 이탈리아 소아베 지역의 가르가네가 품종을 사용한 와인이다.

인생 요리

Spaghetti alla Carbonara
카르보나라 생면 스파게티

연남동 비아 톨레도의 시그너처, 정통 로마식 카르보나라

카르보나라는 로마 음식이다. 한국에서도 굉장히 유명하지만 한국 사람들이 가장 좋아하면서도 싫어하는 파스타다. 보통 한국 사람들이 생각하는 카르보나라와 정통 카르보나라는 거리가 꽤 있기 때문이다. 그렇기에 나는 이 메뉴를 가게의 시그너처로 정했다. 가장 이탈리아스러운 음식으로 한국 사람들에게 현지 바이브를 전하고 싶었다. 가장 잘못 알려진 음식, 그리고 편견이 가장 심한 음식으로 우리는 진짜 현지 음식을 제공하려고 노력하는 곳이라는 것을 어필하고자 했다. 그렇기에 보통 베이컨을 쓰는 한국식과 달리 정통 스타일로 돼지 볼살 햄인 관찰레를 사용했다. 관찰레는 한국에서 구하기 어렵고 비싸서 돼지 볼살을 소금에 하루 절인 후 깨끗이 씻어 말려서 각종 허브와 후추 등에 버무린 다음 냉장고에 걸어 한 달 이상 숙성해서 사용했다. 이 사실이 SNS상에서 알려졌고, 진짜 현지 스타일의 파스타를 만드는 신규 생면 파스타 강자로 유명세를 탔다. 덕분에 2021년 7월에 가게를 오픈하자마자 만석이 되었고 지금까지 예약이 빈 적이 없다.

재료

· 생면 100g

· 관찰레 햄 80g

· 달걀노른자 2개 분량

· 달걀 1개

· 파르미자노 레자노 치즈와 페코리노 치즈 반씩 갈아서 ¾컵

· 소금 약간

· 통후추 약간

· 후춧가루 약간

· 천일염 약간

카르보나라의 기본

카르보나라의 핵심은 소금에 절인 로마식 관찰레와 달걀의 녹진함, 치즈의 감칠맛이다. 카르보나라는 온도 조절이 핵심인데, 팬 온도가 너무 높으면 달걀이 스크램블이 되고, 너무 차가우면 달걀이 익지 않아 비린내가 난다. 인내심을 가지고 약한 불에서 천천히 가열하는 게 중요하다.

만들기

(1)　생면 반죽을 약간은 두툼하게 펴서 스파게티 틀에 내린다(건면을 써도 무방).

(2)　①의 면을 평소보다 천일염을 적게 넣어 삶는다. 카르보나라 파스타 자체가 짭짤하기 때문에 면수에는 과하게 소금 간을 하지 않도록 하고 면수를 최소한으로 사용하는 게 안전하다.

카르보나라는 사실상 면을 익혀 비벼 먹는 파스타. 그렇기 때문에 냄비에서 완벽하게 알덴테로 익힌 뒤 꺼내는 게 중요한데, 평소 봉골레나 다른 파스타를 조리할 때보다 면은 조금 더 익혀주는 게 중요하다.

(3)　관찰레는 팬에 약한 불에서 천천히 볶으며 기름을 뽑아낸다.

인터넷에서 구할 수 있다. 베이컨은 사용해서는 안 된다. 훈연하지 않는 관찰레는 소금에 절인 햄인데, 베이컨은 훈연 향이 많이 나기 때문에 카르보나라 특유의 느낌이 나지 않는다. 가능하면 관찰레를 꼭 구해서 사용해보는 걸 추천한다.

(4)　바삭하게 구운 관찰레의 절반 정도는 따로 토핑용으로 빼내고 절반은 팬에 넣고 물이나 면수를 1~2T 정도로 최소한만 넣어준 뒤 면을 넣는다.

(5)　볼에 모든 달걀과 치즈, 그리고 후추를 넉넉히 갈아 넣고 잘 섞어준다. 이때 거품기를 사용하거나 깔끔이 주걱을 활용해서 최대한 달걀에 치즈를 녹여낸다.

(6)　④의 팬을 불에서 내리고 면 위에 ⑤의 치즈 달걀물을 넣어 깔끔이 주걱을 활용해서 잘 저어준다.

카르보나라를 할 때는 꼭 깔끔이 주걱을 활용해서 깔끔하게 팬 주변을 닦아내야 퀄리티 높은 카르보나라를 만들 수 있다.

(7)　팬을 불에 올리고 30초, 불에서 내려서 30초 동안 반복하며 깔끔이 주걱으로 계속 섞어준다.

테두리에 달걀물이 과하게 익지 않도록 꼭 잘 닦아낸다.

(8)　불은 가능한 한 약한 불로 조리하며 ⑦번 과정을 5분 이상 반복해 천천히 열을 가해주면서 꾸덕해지는 타이밍을 기다린다.

(9)　달걀은 약 70℃가 넘어가면 과하게 익어버리기 때문에 70℃를 넘기지 않도록 주의하며 천천히 마무리한 뒤 필요한 경우에 소금과 후춧가루로 간한다.

맛피아's tip

카르보나라는 온도 조절이 핵심. 최소한 10번 이상은 해봐야 어느 정도 감이 잡힌다. 무리하지 말고 천천히 여유를 가지고 연습해보자.

 추천 와인

카르보나라는 소아베의 가르가네가가 가장 잘 맞지만 화이트 레드 스파클링 어느 것과 매칭해도 실패는 없다.

인생 요리

Tagliolini alle Ostriche
훈연 굴 탈리올리니

나만의 시그너처 파스타

그렇게 가게는 순항했다. 예약은 오픈될 때마다 빠르게 마감되었고, 정통 이탤리언 파스타와 현지식 바이브로 유명해졌지만 나는 항상 부족함을 느꼈다. 나만의 시그너처, 즉 가게의 대표 메뉴이자 다른 곳에서는 먹을 수 없는 특별한 메뉴가 없었기 때문이다. 봉골레와 카르보나라가 아무리 맛있어도 어디에서나 찾을 수 있는 음식이었기 때문에 나만의 색과 경험을 담은 생면 파스타를 개발하고자 노력했다. 그러다 생각난 게 훈연 굴을 사용한 파스타였다. 나는 굴과 같은 해산물 메뉴를 정말 좋아한다. 이탈리아에서 살 때도 홍합을 거의 한 박스를 삶아서 혼자 다 먹어버리기도 했을 정도로 홍합과 바지락 굴 등의 패류를 사랑했다. 따라서 한국에서 가장 유명하면서 겨울의 색을 낼 수 있는 굴을 주재료로 정했고, 이탈리아 북부 파도바에서 배운 훈연 기술을 접목해 굴을 훈연하고 파스타도 훈연 처리했다. 거기에 남부 나폴리의 색을 가미하고자 레몬과 방울토마토, 빵가루

와 어란을 더해 남부와 북부를 관통하는 나만의 경험을 녹여낸 파스타를 개발해냈다. 그리고 이 파스타는 우리 가게의 역대급 신메뉴라고 극찬받으며 수많은 단골을 만들어냈다. 단골은 다른 곳에서 맛볼 수 없는 나만의 메뉴를 만들어야 끌어들일 수 있다. 봉골레가 당길 때는 다른 가게에 가서 먹거나 직접 만들 수 있지만 나만의 굴 파스타는 그 어디에도 없었기 때문이다. 다른 곳에는 없는 시그너처 메뉴는 만들기 어렵지만 완성되고 자리 잡는다면 요식업의 핵심이자 내 가게만의 가장 강력한 무기가 된다.

재료

· 생면 100g

· 마늘 1톨

· 페페론치노 1개

· 화이트 와인 50g

· 안초비 2개

· 생굴 150g

· 이탤리언 파슬리 5개

· 레몬 1개

· 몰리카 빵가루 1T

· 시칠리아산 어란 1t

· 대추 방울토마토 4개

· 소금 약간

· 후춧가루 약간

· 엑스트라 버진 올리브 오일 7T

파스타 삶기용 재료

· 천일염 10~25g

만들기

(1) 생면 반죽을 약간 얇게 펴서 스파게티 틀에 내린다. 일반적인 스파게티를 내릴 때 보다 얇게 펴서 내리면 탈리올리니처럼 모양이 나온다.

(2) 굴은 껍질을 제거하고 물에 살짝 씻어내고 물기를 잘 제거한 뒤 넓은 판에 펴준다.

(3) ②에 엑스트라 버진 올리브 오일 3T과 소금, 후춧가루, 파슬리를 살짝 뿌린 뒤 오븐에 넣어 70℃에서 45분 정도 익혀준다.

(4) 굴이 잘 익으면 사과나무 칩으로 훈연 처리한다. 훈연기가 있으면 가장 좋고, 어렵다면 생략해도 된다.

(5) 팬에 다진 마늘과 페페론치노, 안초비를 볶아주고 화이트 와인을 넣어 알코올을 날린 뒤 방울토마토와 삶은 파스타 면, 훈연한 굴과 굴 국물(오븐에서 조리하고 나온 국물)을 넣어 마무리한다.

(6) 오일 4T과 함께 만테카레를 해준 뒤 플레이팅하고 몰리카 빵가루를 올려 어란과 레몬 껍질을 갈아 올려준다. 마무리로 파슬리를 예쁘게 뿌린다.

맛피아's tip

생굴을 파스타에 그대로 넣으면 식감이 다소 물컹거릴 수 있다. 개인적으로 굴은 어느 정도 탄탄한 식감을 유지할 수 있도록 오븐에서 말리듯이 굽고 훈연 처리하는 게 감칠맛과 식감 모두 끌어올려준다고 생각한다.

🍷 추천 와인

굴과 샴페인은 최고의 조합이다. 어떤 종류의 샴페인이든 잘 어울릴 것이다.

인생 요리

Focaccia
포카치아 델 조르노

오늘의 빵

한국의 파인 다이닝에서는 빵을 거의 주지 않는다. 대부분 쌀을 탄수화물의 핵심으로 여기고 빵보다는 밥에 신경 쓰는 경우가 많다. 하지만 서양 요리의 핵심이자 가장 중요한 탄수화물은 빵이다. 이탈리아 현지의 파인 다이닝 레스토랑에 가면 무조건 세 가지 이상의 빵을 기본적으로 제공한다. 그만큼 각자 레스토랑의 색깔과 개성을 담아내려고 하고, 퀄리티에도 매우 신경 쓴다. 그렇기 때문에 나도 한국에서 가게를 운영할 때 빵의 퀄리티에 신경을 가장 많이 썼다. 그중에서 내가 가장 좋아하고 손님들에게 사랑받았던 포카치아를 소개하려한다. 우리 가게는 미리 빵을 구워서 냉동해두지 않고 무조건 매일 아침 반죽·숙성해 구웠다. 그래서 우리 가게의 빵을 특별히 아끼고 좋아해주시는 분들이 많았다.

반죽 재료

· 강력분 150g

· 소금 6g

· 설탕 8g

· 엑스트라 버진 올리브 오일 20g

· 이스트 3g

· 따뜻한 물 120g

기타 재료

· 올리브 오일 약간

만들기

(1) 소금을 제외한 모든 반죽 재료를 볼에 넣고 깔끔이 주걱으로 잘 섞어준다.
반죽기를 사용하면 5분 정도 중속으로 반죽해주는 게 좋고, 무반죽 레시피이기 때문에 주걱으로만 잘 섞어줘도 괜찮다.

(2) 재료가 잘 섞이면 소금을 넣고 3분 정도 잘 저어가며 주걱으로 반죽한다.

(3) 볼에 랩을 씌우고 30분에 한 번씩 폴딩해가며 3시간 정도 발효시킨다. 겨울에는 3시간 30분에서 4시간 정도 조금 더 길게 발효해주는 게 좋다.

(4) 깊은 포카치아 팬에 올리브 오일을 뿌려 반죽이 달라붙지 않도록 한 뒤 반죽을 깔끔하게 폴딩해서 펴준다.

(5) 반죽을 손가락으로 눌러주면서 넓게 펴준 뒤 올리브 오일과 약간의 물을 뿌린다.

(6) 이 단계에서 기호에 맞게 로즈메리나 타임 혹은 방울토마토나 치즈 등을 올린다.

(7) 190℃ 오븐에 30~35분간 굽는다.

맛피아's tip

빵 반죽은 기본적으로 설탕을 넣으면 조금 더 빠르고 안정적으로 발효시킬 수 있다. 시간이 급하거나 날씨가 추울 때는 설탕이나 꿀을 넣어주면 발효에 도움이 된다.

Salsa Bisque
비스큐소스

용산으로 떠나다

연남동에서 가게를 가오픈했던 시절 비스큐소스를 낸 파스타를 잠깐 했다. 그러나 손도 많이 가고 오래 걸려 메뉴를 오랜 시간 하지 않았다가 용산으로 이전하면서 조금 더 고급스러운 풍미를 내는 파스타를 만들기 위해 비스큐를 메뉴에 넣게 되었다. 비스큐는 기본적으로 프랑스에서 많이 사용하는 소스다. 새우나 게, 랍스타 등 다양한 갑각류의 껍질과 내장을 활용해 고급스럽고 강렬한 해산물의 풍미를 내는 소스이며, 파스타나 리소토 혹은 생선에 곁들이는 소스로도 굉장히 좋다. 2년 이상 거의 매주 비스큐를 끓여오면서 최적의 밸런스를 찾았다. 우선 게는 싼값에 강한 풍미를 낼 수 있어서 좋지만, 과하게 사용하면 싸구려 비스큐 혹은 공장에서 만든 완제품 같은 느낌이 나서 새우랑 섞어 쓸 것을 추천한다. 파인 다이닝이 아닌 가정이나 캐주얼 레스토랑에서는 새우와 게를 2:1 비율로 사용하는 것을 추천한다. 파인 다이닝에서는 게는 잘 사용하지 않고 랍스터나 카라비네로(진홍새우) 혹은 스캄피 같은 고급 해산물을 사용한다. 나는 주로 랍스터와 카라비네로를 1:1로 사용하는데, 가장 강렬한 풍미와 감칠맛을 내는 비스큐소스를 만들 수 있다. 카라비네로 대신 새우를 넣어도 충분히 맛있는 파인 다이닝식 비스큐소스를 만들 수 있다. 또 껍질을 블렌더에 갈아 소스를 내는 경우도 있는데, 개인적으로는 식감이 안 좋아져서 부드러운 식감을 위해서는 갈지 않고 몽둥이나 주걱으로 으깨 소스를 체에 내려 사용하는 게 좋다. 술도 꽤 중요한데, 화이트 와인만 사용해도 충분하지만, 더 강한 고급스러운 뉘앙스를 내기 위해서는 마르살라나 코냑 혹은 그랑 마니에르 같은 고급 리큐어를 사용하면 가게만의 색과 풍미를 더할 수 있어 좋다.

재료

- 랍스터 머리와 껍질 2마리 분량
- 새우 머리와 껍질 20마리 분량
- 양파 1개
- 당근 ½개
- 셀러리 5개
- 마늘 6톨
- 토마토퓌레 300g
- 월계수 잎 2장
- 화이트 와인 200g
- 엑스트라 버진 올리브 오일 100g
- 소금 약간
- 후춧가루 약간
- 버터 100g
- 생크림 100g
- 바질이나 파슬리 줄기 약간

비스큐소스의 기본

비스큐는 기본적으로 다양한 갑각류를 사용할 수 있다. 맛과 풍미의 순위를 매기자면 랍스터 > 카라비네로나 스캄피 등 고급 새우 > 게 > 저렴한 새우로 순서를 매길 수 있지만, 꼭 하나만 사용할 필요는 없다. 개인적으로는 랍스터와 카라비네로 혹은 스캄피를 적당한 비율로 섞어서 사용하는 게 가장 풍미와 감칠맛이 좋다고 생각한다. 하지만 가격대가 워낙 비싼 식재료이기 때문에 집에서 간단하게 만든다면 게 껍질과 새우 머리를 반반 섞어서 만들면 가성비 좋은 비스큐를 만들 수 있다.

🍷 추천 와인

한국에는 거의 알려지지 않은 품종이지만 사르데냐의 베르멘티노 품종을 활용한 와인이 비스큐와 잘 어울린다. 사르데냐의 베르멘티노는 화이트 와인이지만 진한 우디함도 지니고 있고 다양한 허브 뉘앙스와 미네랄, 산미가 비스큐의 강한 풍미에도 지지 않고 잘 어울린다.

만들기

(1) 살을 사용하고 남은 랍스터의 머리와 껍질, 카라비네로나 랑구스틴의 머리와 껍질을 따로 모아둔 뒤 한번 찬물에 씻어 물기를 제거한다.

(2) 양파, 당근, 셀러리, 마늘은 잘 다지거나 블렌더로 갈아 냄비에 넣고 엑스트라 버진 올리브 오일을 둘러 볶아준다.

(3) 양파가 투명해지면 껍질과 머리를 전부 넣어 잘 볶아준다.

(4) 수분감 없이 껍질이 잘 볶아지면 토마토퓌레를 넣고 5분 정도 볶다가 화이트 와인을 넣어 알코올을 날려준다.

(5) 차가운 물 혹은 얼음을 2L 정도 넣어준 뒤(차가운 물로 소스를 뽑아야 맛이 잘 나온다) 월계수 잎과 남은 허브를 조금 넣어준다. 단, 로즈메리는 향이 너무 강하고 어울리지 않으므로 바질이나 파슬리, 타임 정도만 사용하는 걸 추천한다.

(6) 2시간 정도 중간 불에서 잘 졸인 뒤 고운 체에 내려준다. 이때 절구 등으로 껍질을 으깨가며 최대한 소스를 많이 내릴 수 있게 노력한다. 굳이 갈지 않아도 괜찮다. 블렌더로 갈면 식감이 좋지 않다.

(7) 체에 내린 소스를 넓은 팬으로 옮겨 더 졸인다.

(8) 걸쭉한 소스의 형태가 될 때까지 졸인다. 많이 졸아들면 버터와 생크림을 조금 넣고 소금과 후춧가루로 간을 해준다.

맛피아's tip

비스큐소스는 다양한 요리에 활용할 수 있다. 생선이나 랍스터 등을 구워 곁들이거나 파스타나 리소토의 베이스로도 사용 가능하고, 소스 자체에 크림이나 생선 국물을 조금 묽게 섞어 수프로도 먹을 수 있다. 봉투에 담아 얼려두면 장기 보관도 가능하다.

인생 요리

Cartoccio
카르토초

종이 포일에 감싸 구운 생선구이

용산으로 가게를 이전하고 단품 메뉴만 팔아온 연남동의 귀엽고 작은 동네 식당에서 벗어나 약간은 레스토랑 같은 느낌을 주고 싶어, 나의 의도가 담긴 코스를 짜서 오마카세 형식으로 음식을 냈다. 그리고 우리 가게만의 색을 내기 위해서는 특별히 두세 달에 한 번씩은 메뉴를 바꾸고 다양한 신메뉴를 개발하려고 무한히 노력했다. 파스타 위주의 음식을 해오다가 리소토나 단백질 메인 요리까지 개발해오면서 다양한 시도를 했는데, 그중에서 생선을 사용한 카르토초가 인기가 많았다. 카르토초는 이탈리아어로 '종이 봉투'라는 의미를 지닌 요리이며, 종이 포일에 생선을 넣어 수분이 빠져나가지 못하게 밀봉해 쪄내는 음식이다. 이탈리아 남부 음식, 특히 나폴리 요리의 핵심은 재료 본연의 맛을 살리는 것이다. 카르토초는 재료 자체의 맛과 풍미를 극대화해주는 조리법이기 때문에 선호한다.

재료

· 농어나 도미, 삼치, 방어 등 제철 생선 1마리

· 레몬 1개

· 다양한 허브 줄기 약간

· 마늘 4톨

· 양파 ½개

· 엑스트라 버진 올리브 오일 50g

· 소금 약간

· 후춧가루 약간

생선 요리의 기본

생선은 제철을 많이 타는 식재료다. 바다의 온도 변화와 각각의 산란기에 따라 제철이 달라진다. 산란기가 다가오면 생선은 몸에 가장 많은 지방을 축적해 맛이 좋은 반면, 산란기 직후에는 모든 에너지를 산란에 쓰기 때문에 상태가 좋지 않다. 보통은 수온이 낮은 겨울철에 생선은 추위에 적응하기 위해 많은 지방을 신체에 축적한다. 개인적인 취향으로는 겨울에는 삼치와 방어, 봄에는 숭어와 도미, 여름에는 잿방어와 농어, 가을에는 무난한 광어를 선호한다.

만들기

(1) 신선한 생선은 비닐을 잘 벗기고 아가미와 내장, 날카로운 지느러미는 잘 제거해준다.

(2) 생선은 통으로 뼈째 익혀도 괜찮고 필레를 떠서 조리해도 상관없다. 단, 뼈째 익히면 익히는 시간이 좀 더 걸리지만 뼈에서 나온 풍미가 더 강해지고 수분을 보존하기 좋고, 뼈를 제거하고 필레를 떠서 익히면 먹기가 편하고 조리가 빠르다.

(3) 레몬과 양파는 슬라이스하고 마늘은 손으로 살짝 으깬다.

(4) 통으로 익히는 경우에는 내장을 제거한 배 쪽에 소금, 후춧가루로 간하고 레몬과 양파, 마늘과 허브 줄기를 채운다. 필레만 쓰는 경우에는 필레에 간을 해주고 위에 양파나 레몬 슬라이스를 올린다.

(5) 종이 포일 위에 ④를 올리고 사방에 소금과 후춧가루, 그리고 오일을 발라준 뒤 공기나 수분이 빠져나오지 않도록 종이 포일로 잘 감싸준다. 잘 말리지 않으면 조리용 실을 말아주거나 쿠킹 포일을 살짝 덮어줘도 된다.

(6) 생선의 크기에 따라 익히는 시간이 달라지지만 생선은 과하게 익히는 것보다는 살짝 덜 익히는 게 부드럽고 촉촉하고 맛이 좋다. 1kg 미만의 작은 생선을 기준으로 통으로 익힌다면 190℃에서 약 25~30분, 필레로 잘라서 익힌다면 190℃에서 15~20분 정도 익힌다. 이는 생선의 크기나 오븐의 출력에 따라 달라진다.

맛피아's tip

카르토초로 구운 촉촉하고 맛있는 생선에 기본 토마토 소스나 비스큐소스를 곁들여보자. 집에서도 레스토랑 퀄리티의 요리를 낼 수 있다.

 추천 와인

강한 양념을 치지 않고 마일드하게 조리한 생선은 당연하게도 화이트 와인이 잘 어울린다. 지역, 나라와 상관없이 오크 향이 적거나 없는 샤르도네를 가장 추천한다.

Pescatore
나폴리 어부의 그물 속

끝없는 메뉴 개발

두세 달에 한 번씩 메뉴를 개발하다 보면 막히는 순간이 생긴다. 창작의 고통이 이어지다 보면 잠드는 순간까지도 메뉴에 대해 고민하게 된다. 어느 여름날에 여름 신메뉴를 고민하며 잠이 들었다. 꿈에서까지 메뉴를 고민하고 있던 차에 나폴리의 뜨거운 태양과 드넓은 바다, 그리고 배 위에서 그물로 생선을 잡는 꿈을 꾸었다. 꿈속에서 늙은 나폴리 어부의 그물에는 다양한 해산물이 잡혀 있었고, 잠에서 깨자마자 나는 이 콘셉트로 메뉴를 개발해야겠다고 생각하며 빠르게 메모장에 아이디어를 적어둔 다음 다시 잠이 들었다. 오징어 먹물을 사용한 튀일로 그물을 만들고 아래에는 다양한 해산물을 곁들였다. 말 그대로 나폴리 어부의 그물 속을 재현한 요리였다.

재료

· 제철 생선 필레 50g

· 홍합 8개

· 바지락 10개

· 한치 1마리

· 칼라마리나 원통형 파스타 60g

· 토마토퓌레 100g

· 마늘 2톨

· 바질 4장

· 엑스트라 버진 올리브 오일 100g

· 페페론치노 1개

· 먹물 튀일 1장
박력분 20g, 기름 60g, 물 120g, 먹물 1t

· 화이트 와인 ½컵

· 소금 약간

· 후춧가루 약간

· 천일염 20g

튀일의 기본

튀일은 다양한 파인 다이닝 요리에 활용하는 가니시다. 색소나 천연 재료를 활용해 음식에 개성이나 맛과 색을 더할 수 있다. 하지만 예쁘게 모양을 잡는 데는 팬의 온도 조절과 연습이 필요하다. 기본적으로 모든 재료를 전 반죽처럼 잘 섞고 팬에 구워내면 된다.

맛피아's tip

새로운 메뉴를 창조해내기 위해 언제나 많은 상상과 고민을 한다. 그러다 보면 우연히 메뉴 아이디어가 떠오를 때가 있다.

만들기

(1) 칼라마리나 원통형 숏 파스타를 1.5%의 염도(물 1L에 천일염 20g)로 맞춰 삶아낸다.

(2) 팬에 페페론치노와 마늘을 다져 넣고 오일 50g을 넣어 약한 불에 볶아준 뒤 홍합과 바지락, 한치를 넣고 화이트 와인과 토마토퓌레를 부은 뒤 면수로 간한다.

(3) 칼라마리 파스타가 다 익으면 ②에 넣어 소스와 함께 잘 익히고 오일 20g을 넣어 만테카레해준다.

(4) 제철 생선은 프라이팬이나 오븐에 가볍게 오일 30g과 소금, 후춧가루를 발라 구워낸다.

(5) 그릇 한쪽에는 구워낸 생선을 놓고 옆에는 칼라마리 파스타와 한치, 조개류를 플레이팅한다.

(6) 바질을 거칠게 뜯어 올려준 뒤 먹물 튀일을 그물 모양으로 올려준다.

Dolci
리코타 치즈 케이크 & 트러플 젤라토

디저트 파트 출신의 디저트

나폴리에서 주로 디저트 파트에서 일했기에 비아 톨레도에서도 디저트에 힘을 주고 싶었다. 따라서 코스마다 디저트도 시즌별로 다양하게 준비했다. 보통 겨울에는 딸기와 피스타치오를 활용한 디저트를 많이 했고, 가을에는 밤 티라미수, 여름에는 복숭아나 여러 과일을 활용한 디저트를 개발하려고 노력했다. 봄에는 약간의 상큼함과 부드러운 식감을 주고 싶어서 리코타 치즈 케이크를 개발했는데, 개인적으로는 굉장히 만족스러웠다. 크림치즈만 사용하면 너무 무겁고 칼로리가 높은데, 리코타 치즈를 비율을 조정해서 만들다 보니 조금 더 건강하고 담백한 케이크를 구워낼 수 있었다. 트러플 젤라토는 정말 쉽고 간단하게 만들 수 있는 디저트라서 알려주고 싶었고, 바닐라 아이스크림과 트러플 페이스트 혹은 오일만 있으면 되기 때문에 집에서 꼭 한번 만들어보는 걸 추천한다.

리코타 치즈 케이크 재료

- 리코타 200g
- 크림치즈 250g
- 설탕 130g
- 박력분 20g
- 달걀 3개
- 바닐라 빈 1개 혹은 바닐라 익스트랙 2T
- 소금 1t
- 레몬 ½개(제스트)

치즈 케이크의 기본

크림치즈와 리코타는 무조건 요리 시작 전 실온에 2시간 정도는 꺼내놔야 한다. 온도가 맞지 않으면 지방이 분리되어 식감이 이상해지고 완성도가 떨어진다. 또 케이크가 완성되자마자 차가운 곳에 놓아두면 바로 무너져 내릴 수 있기 때문에 케이크의 온도를 서서히 낮춰야 한다.

맛피아's tip

치즈 케이크는 바로 먹어도 맛있지만 냉장고에서 하루 정도 차갑게 식혀서 먹으면 더욱 꾸덕하고 단단한 텍스처를 즐길 수 있다. 위에 다양한 과일이나 아이스크림 혹은 퓌레를 곁들여도 좋다.

리코타 치즈 케이크 만들기

(1) 달걀과 설탕을 반죽기에 넣고 중속으로 돌려준다.

(2) 크림치즈와 리코타를 넣고 바닐라 빈을 긁어내서 넣은 후 중속으로 10분간 함께 돌려준다.

(3) ②에 밀가루를 체를 치고 소금을 넣는다. 레몬 껍질은 갈아서 ½개 분량만 넣는다.

(4) 치즈 케이크 틀에 종이 포일을 잘 깔고 반죽을 부은 뒤 바닥을 잘 쳐서 공기를 빼준다.

(5) 160℃ 오븐에서 1시간 동안 익힌다. 케이크 판이 넓어서 두께가 얇다면 굽는 시간을 줄인다.

 추천 와인

이탈리아는 포도를 건조시켜 와인을 만드는 경우가 많은데, 특히 포도를 말려 디저트 와인으로 만드는 레치오토 와인은 달콤하고 산도가 적당해서 크리미한 치즈 케이크에 곁들이기 좋다.

트러플 젤라토 재료

· 첨가물이 없는 바닐라 아이스크림 3컵

· 트러플 페이스트 ½컵

· 트러플 오일 2T

· 천일염 1t

· 견과류 3t

맛피아's tip

아이스크림 만들기도 어렵지 않다. 다양한 제철 과일이나 퓌레 제품을 바닐라 아이스크림 완제품에 잘 갈아서 다시 냉동해주면 쉽고 맛있게 다양한 베리에이션의 재미를 줄 수 있고, 젤라토 기계를 산다면 소르베까지 할 수 있을 정도로 활용도가 높다.

추천 와인

트러플 젤라토와 빈산토라는 디저트 와인은 말 그대로 환상의 짝꿍이다. 빈산토는 토스카나 쪽에서 많이 생산되는 디저트 와인인데, 고소하고 우디한 뉘앙스와 달콤한 맛이 트러플, 그리고 젤라토와 환상적인 궁합을 자랑한다.

만들기

(1) 가능한 한 비싸고 맛있는 바닐라 아이스크림을 준비한다.

(2) 트러플 페이스트와 트러플 오일을 아이스크림과 함께 갈아준다(아이스크림 기계가 있다면 그걸 활용한다).

(3) ②의 트러플 아이스크림은 냉동실에 최소 2시간 정도 더 얼린다.

(4) 트러플 젤라토를 1스쿱 퍼서 그릇에 올리고 위에는 다져서 볶은 견과류(피칸, 헤이즐넛, 피스타치오, 땅콩, 잣 등 종류에 상관없이)를 올린 뒤 천일염을 곁들인다.

(5) 트러플 향이 부족하다고 느껴지면 트러플 오일을 살짝 뿌려준다. 기호에 맞게 달지 않은 쿠키나 비스킷 혹은 빵을 곁들인다.

인생 요리

Risotto alla Milanese
사프론 리소토와 오소부코

번아웃 이겨낼 수 있을까?

〈흑백요리사〉 공고가 나오기 직전 나는 굉장한 슬럼프를 겪고 있었다. 장사를 3년 이상 잘해오고 있었지만 개인적인 생활이 없는 반복적인 일상과 스트레스, 그리고 압박감에 흔들리고 있었다. 경기는 점점 더 어려워지고 요식업은 무너지고 있었다. 나뿐만 아니라 서울의 수많은 레스토랑이 문을 닫았거나 닫을 준비를 하고 있었다. 나도 언제든 가게를 닫아야 할 수도 있다는 생각에 불안했고, 그렇기에 더 발전하고자 노력했다. 그때마다 이탈리아를 떠올리며 먹었던 요리가 바로 사프론 리소토와 오소부코다. 가장 열정적이었던 때의 나를 생각하며 버틸 수 있게 해줬다. 그렇게 계속 발전하기 위해 내가 할 수 있었던 건 요리와 와인을 공부하고, 끝없이 메뉴를 개발하고, 테스트하고, 손님을 맞이하는 게 전부였다. 그러던 2023년 늦가을 어느 월요일 저녁에 휴대폰이 울렸다.

재료

리소토

- 씻어나온 신동진 쌀 1컵
- 사프론 1t
- 화이트 와인 50g
- 소고기나 닭을 활용한 육수 2컵
- 버터 2T
- 파르미자노 레자노 치즈 3T
- 레몬주스나 와인 식초 1T
- 소금 약간
- 후춧가루 약간

오소부코

- 송아지 정강이살 혹은 갈비나 통사태 1kg
- 양파 ½개
- 당근 ¼개
- 셀러리 3줄기
- 마늘 5톨
- 로즈메리 3줄기
- 타임 3줄기
- 월계수 1장
- 화이트 와인 200g
- 토마토퓌레 200g
- 버터 2T
- 소금 약간
- 후춧가루 약간
- 이탤리언 파슬리 5장
- 레몬 제스트 1t

맛피아's tip

오소부코는 재료를 구하기가 쉽지 않고 조리 시간도 오래 걸린다. 간단하게 사프론 리소토를 먹고 싶다면 넓은 경양식 돈가스나 갈비찜을 곁들여도 좋다.

만들기

(1) 송아지 정강이살이나 소갈비 혹은 통사태를 준비해 소금, 후춧가루로 간하고 고온에 모든 면을 갈색으로 바삭하게 시어링해준다.

(2) 고기를 구운 팬에 양파, 당근, 셀러리, 마늘을 다져서 함께 볶아준다.

(3) 토마토퓌레와 로즈메리, 타임, 월계수, 화이트 와인을 넣어 조려준다.

(4) 물을 넣고 1시간 정도 조리거나 포일에 감싸 180℃ 오븐에 1시간 30분간 조리한다.

(5) 잘 조려지면 소금, 후춧가루로 간하고 버터를 넣어 마무리한다.

(6) 팬에 아무것도 넣지 않고 쌀을 2분 정도 볶다가 화이트 와인을 넣은 다음 사프론과 육수를 부어준다.

(7) 15분 이상 뜨거운 물과 육수를 나눠서 부어가며 알덴테로 잘 익힌다.

(8) 마무리 단계에서 레몬주스나 와인 식초를 넣고 소금, 후춧가루, 파르미자노 레자노 치즈로 간한 뒤 버터를 넣어 만테카레한다.

(9) 리소토 위에 오소부코를 올려주고 레몬 껍질과 다진 파슬리를 뿌려준다.

인생 요리

Risotto alla Hainanese
하이난식 치킨 리소토

넷플릭스에서 온 전화 한 통

어느 날 넷플릭스 작가님이 연락을 주셨다. <피지컬 100>의 요리 버전 서바이벌을 진행한다고 섭외를 하고 싶다는 내용이었다. 이미 이런 프로그램이 제작되고 있다는 걸 SNS에서 보고 지원하려고 마음먹은 상태에서 섭외 전화를 받으니 굉장히 설레고 소름이 돋았다. 나는 바로 작가님께 고민 없이 대답했다 "그러지 않아도 이력서를 쓰고 있습니다." 이 말을 듣고 작가님은 굉장히 좋아하셨고, 1초도 망설이지 않고 출연하겠다고 하는 나의 대답과 확신에 찬 화법을 굉장히 좋게 받아들이신 것 같았다. 아마 그쯤 전국에서 장사가 꽤 잘되는 업장에 어떤 식으로든 연락을 하고 계신 것 같았는데, 이제 와서 생각해보면 나에게까지 기회가 와서 다행이었다.

그때 <흑백요리사>를 준비하면서 개발한 레시피가 바로 하이난식 치킨 리소토다. 혹시라도 동남아 닭고기 미션이 나오면 하려고 준비한 메뉴였다.

육수 재료

생닭 1마리, 양파 1개, 마늘 3톨, 생강 1개(엄지손가락 크기), 파 1줄기, 당근 ¼개

리소토 재료

씻어나온 신동진 쌀 ½컵, 다진 마늘 1t, 다진 생강 1t, 다진 파 1t, 미림이나 화이트 와인 ½컵, 참기름 1T, 버터 1T

소스 재료

간장 2T, 설탕 1T, 미림 2T, 와인 식초 1T, 다진 고수 1T, 다진 생강 1t, 다진 마늘 1t, 다진 실파 1t, 다진 고추 1t

만들기

(1) 생닭의 꽁무니와 날개 쪽 껍질을 벗겨낸 뒤 양파, 마늘, 생강, 파, 당근을 넣은 물에 넣어 끓지 않는 90~95℃ 정도의 온도에서 30분간 익혀준다(시머링).

(2) 닭을 꺼내 찬물에 살짝 담그거나 냉장고에 넣어 식히고 육수는 계속 끓여준다.

(3) ①의 닭 날개 쪽 껍질과 꽁무니를 팬에 올리고 약한 불에서 닭 기름을 뽑아낸다.

(4) 기름이 잘 나오면 다진 마늘, 다진 생강, 다진 파를 넣어 볶는다.

(5) 쌀을 함께 넣어 볶다가 미림이나 화이트 와인을 넣어준 뒤 끓고 있는 ②의 치킨 스톡을 조금씩 부어가며 리소토를 만들어준다.

(6) 마지막 단계에서 참기름과 버터를 넣어 마무리한다.

(7) 식혀놓은 닭을 꺼내 가슴살을 잘 발라낸다.

(8) 가슴살을 한입 크기로 잘라서 ⑥에 올려준다.

(9) 분량의 소스 재료를 섞어 소스를 만든다.

(10) ⑨를 닭 가슴살 위에 뿌리거나 사이드에 두고 조금씩 찍어서 먹는다.

추천 와인

이탈리아 북부 프리울리 베네치아 쪽에서 나오는 슈퍼 화이트 와인이 잘 어울릴 만한 요리다. 프리울리에서 나오는 화이트 와인은 알코올 볼륨감이 크고 유질감과 스파이시한 뉘앙스가 느껴져 동남아시아풍 요리와도 잘 어울린다. 맥주나 전통주 혹은 사케와도 잘 어울리는 요리다.

Costolette di Agnello
양갈비와 단호박소스

20대를 보내며 - 〈흑백요리사〉 우승

〈흑백요리사〉는 내 인생의 두 번째 터닝 포인트였던 것 같다. 나폴리에서의 삶이 첫 번째, 그리고 나폴리 맛피아로서의 〈흑백요리사〉가 두 번째. 많은 미션과 요리를 했다. 인생에 가장 큰 변화를 가져왔고, 그만큼 열심히 살아온 데 대한 보상을 받는 것 같아 다행이라고 느꼈고, 감사했다. 하지만 결승전에서 한 양갈비 요리에 스토리텔링이 다 담기지 않아 개인적으로 아쉬웠다. 훨씬 더 많은 이야기와 스토리를 담아내려고 했던 요리인데, 방송에서는 거의 대부분이 편집되어 약간 억지 스토리텔링으로 변했고, 내 의도가 잘 전달되지 않았다.

내가 전달하고자 한 이야기는 '내 이름을 건 요리가 무엇일까'에 대한 고민이었다. 이름이라는 것의 의미에 대한 고민을 하기도 했다. 나는 동물을 좋아한다. 특히 고양이를 가장 좋아하다 보니 길냥이를 종종 돌봐주고 치료가 필요하면 병원에 데려가거나 수술을 시켜주곤 했다. 그러다가 인연이 된 친구들은 집에 데려와서 가족이 되었다. 길냥이에게는 이름이 없다. 누구도 그 친구들을 이름으로 불러주지 않는다. 운이 좋다면 그저 밥을 한 끼 얻어먹고 잠시 몸을 쉬다가 떠난다. 그러다 자주 만나고 밥도 챙겨주고 눈인사를 나누며 친해지다가 길냥이에게 이름을 지어주는 순간, 그 존재는 더 이상 길에 사는 고양이가 아닌 나의 친구이자 가족이 된다. 이름이라는 것은 그만큼 무겁고 강한 의미를 지니고 있다고 생각했다. 모든 사람들은 태어나자마자 가장 먼저 이름을 얻는다. 그리고 길냥이들은 내가 이름을 불러주는 순간 새로운 생명이 부여된다. 김춘수의 '꽃'이라는 시에서도 아이디어를 얻어 이름이 부여된다는 것은 결국 생명이 부여되는 것이라고 결론을 내렸고, 하나의 디시로 인간의 생명과 삶의 순환을 양고기로 치환해서 표현하고자 했다. 다양한 고기 중 양을 선택한 이유는 고대 로마와 그리스 시대부터 신들에게 인간 대신 바쳐진 대표적인 동물 제물이었기 때문이다.

    따라서 양의 생명으로 나의 생명을 표현하고자 했고, 그 디시에 생명의 모든 것을 담아내야 했다. 생명을 구성하는 3요소인 뼈와 살, 심장 및 장기, 마지막으로 피를 담아내려고 했다. 인간의 뼈와 살은 구운 양갈비로 표현했고, 양의 심장을 부드럽게 익혀 하트 모양의 파스타에 담았다. 붉은 심장을 표현하기 위해 비트로 빨간색을 냈고, 마지막으로 피는 나와 같은 해에 태어나서 병에 담긴 1995년산 이탈리아의 바롤로 와인으로 소스를 만들어냈다. 레드 와인은 피처럼 붉다 해서 예로부터 피를 상징했기 때문이다. 이처럼 나는 이 하나의 디시에 나의 생명, 그리고 이탈리아의 역사와 전통, 나의 개인적인 고양이와의 스토리까지 담아내고자 고민을 많이 하고 스토리텔링을 했으나 방송에서는 모든 게 편집되고 '이름 = 생명 = 심장'으로만 표현되어 많이 아쉬웠다. 이 책을 통해 표현하고자 했던 바를 정확하게 알릴 수 있어 굉장히 기쁘다.

재료

양갈비 프렌치 렉 800g, 단호박 ½개, 생크림 250g, 버터 5T, 레드 와인 300g, 양고기나 닭고기 육수 1컵, 마늘 4톨, 로즈메리·타임 3줄기씩, 설탕 2T, 후춧가루 약간, 소금 1t + 약간, 식용유 ½컵

양갈비의 이해

양갈비는 프렌치 렉과 숄더 렉이 있는데, 숄더 렉은 지방과 근육이 적절하게 퍼져 있어 구이보다는 찜이나 조림에 더 잘 맞는다. 반면 프렌치 렉은 지방이 적고 담백하며 깔끔하기 때문에 스테이크에 적합하다. 양갈비는 레어에서 미디엄 레어로 먹는 게 가장 맛있다.

만들기

(1)   프렌치 렉은 불필요한 지방이나 근막을 제거한 뒤 소금 약간과 후춧가루로 간한다.

(2)   팬에 오일을 둘러 강하게 시어링해주고 과하게 익히지 않도록 한다.

(3)   ②에 버터 3T과 마늘, 허브를 넣고 끼얹어가며 베이스팅해준다.

(4)   단호박은 물에 20분 정도 삶거나 180℃ 오븐에서 30분 정도 구워서 생크림, 소금 1t, 설탕 1T과 함께 갈아준다.

(5)   다른 팬에 ④를 넣어 단호박소스를 졸여주고 간한다.

(6)   양고기가 다 구워지면 팬에서 빼고 레스팅해준다.

(7)   양고기를 구운 팬은 기름과 소금을 어느 정도 걷어낸 뒤 레드 와인과 육수를 부어 강한 불에 졸여낸다. 이때 설탕을 1T을 넣어주면 감칠맛이 더 살아난다.

(8)   소스가 쫀득하게 흐르지 않을 정도로 졸아들면 불을 끄고 버터 2T을 넣어 섞어준다.

(9)   접시에 ⑧의 소스를 깔고 양갈비를 올려준 뒤 ⑤의 단호박소스를 주변에 흩뿌린다.

맛피아's tip

기본적으로 스테이크는 다 동일하게 조리할 수 있다. 오리 가슴살이든 삼겹살이든 소고기든 섬세한 테크닉만 다를 뿐 기본적으로는 동일하다. 또 단호박이 아니라 감자 혹은 당근 등을 활용할 수도 있고, 레드 와인소스에 버섯이나 트러플 혹은 크림이나 베리류 과일 혹은 치즈를 넣어 베리에이션을 줄 수 있다. 스테이크는 모두 처음에 강한 불에 시어링하는 것이 중요하며, 미디엄 레어에서 미디엄으로 익히는 게 어떤 고기든 가장 맛있다. 이탈리아 사람들은 보통 블루 레어나 레어도 즐기는 편이다.

 추천 와인

양고기와 잘 어울리는 품종은 시라나 토스카나의 브루넬로디 몬탈치노 혹은 키안티다. 토스카나에서도 시라를 꽤 생산하기 때문에 조합이 괜찮고, 조금 더 고급스러운 와인을 매칭하고 싶다면 이탈리아 북부 베네토의 아마로네나 바롤로를 추천한다.

Caponata
시칠리아식 카포나타

시칠리아 맛 기행

〈흑백요리사〉가 끝나고 가장 먼저 한 일은 이탈리아로 답사를 떠난 것이다. 프로그램이 이렇게까지 성공할지는 아무도 몰랐고 나조차 그랬다. 〈흑백요리사〉를 보고 찾아주실 많은 손님을 실망시키지 않게 하기 위해, 고생한 제작진과 셰프들을 위해 내가 더 발전하는 게 중요하다고 생각했다. 그래서 곧바로 나폴리와 시칠리아로 떠났다. 처음으로 주방 일을 시작한 다니 메종에서 식사를 하고 오랜만에 스승님과도 인사를 나눴다. 시칠리아는 이탈리아 내에서도 맛의 고장이기도 하고 가보지 못했던 곳이라 선택했다. 나폴리와 비슷하면서도 다른 요리를 맛보며 이를 통해 새로운 아이디어도 얻었다. 다녀오고 나서 그 영감을 통해 시칠리아를 주제로 한 코스를 가게에서 서비스하기도 했다. 이런 식으로 매년 다양한 경험과 아이디어를 통해 발전하기 위해 짐을 쌌다. 현지 바이브를 내고 싶다면 꾸준히 현지에 다녀와야 한다. 잠시라도 이탈리아에 대한 애정과 관심에 거리감을 둔다면 감을 잃고 뒤처질 것이다.

재료

가지 2개, 대추방울토마토 10개, 잣이나 피스타치오 10개, 양파 ¼개, 당근 ⅙개, 셀러리 1줄기, 마늘 3톨, 먹다 남은 빵 2개, 와인 식초나 발사믹 식초 2T, 식용유 1L, 엑스트라 버진 올리브 오일 3T, 소금 적당량, 후춧가루 약간, 설탕 2T, 천일염 3T

가지 요리의 기본

가지를 요리할 때는 큰 주사위 형태로 잘라서 천일염을 골고루 뿌려 삼투압에 의해 가지 내부의 수분을 최대한 빼내야 한다. 체에 올려 가지를 1시간마다 뒤집어가며 수분을 빼줘야 하는데, 최소 4시간 정도는 빼야 가지가 눅눅하지 않고 바삭하게 잘 튀겨진다.

만들기

(1) 가지는 큰 주사위 형태로 잘라 천일염을 뿌려 삼투압 현상으로 내부의 물기를 뺀다.

(2) 팬에 올리브 오일을 두르고 양파, 마늘, 당근, 셀러리를 곱게 다져서 가볍게 볶아준다.

(3) 방울토마토를 함께 가볍게 볶아준다. 이때 방울토마토를 으깨지 말고 형태가 유지될 수 있도록 한다. 설탕과 식초를 넣고 소금, 후춧가루로 살짝 간한다.

(4) 남은 빵은 주사위 형태로 잘라 잣과 함께 팬에 약간의 올리브 오일을 둘러서 구워준다.

(5) 너무 태우지 말고 약간의 색만 낼 수 있도록 천천히 고소한 맛을 끌어올려준다.

(6) 기름을 강한 불에 올려 190℃가 되면 가지의 물기를 키친타월로 잘 닦아 바삭하게 튀긴다.

(7) 잘 익힌 가지와 방울토마토, 잣과 빵을 모두 합쳐서 가볍게 섞은 뒤 최종적으로 새콤달콤한 피클 느낌으로 간을 한다.

맛피아's tip

카포나타는 만들자마자 먹어도 좋지만 냉장고에 넣어서 보관하며 김치처럼 먹어도 맛있다.

Cous Cous alla Trapanese
쿠스쿠스 알라 트라파네세

마피아의 고장 시칠리아

시칠리아에 간 이유 중 하나는 이 음식을 직접 먹어보고 싶었기 때문이다. 트라파니는 시칠리아 최서단의 북아프리카와 가까운 동네다. 따라서 아랍과 북부 아프리카의 영향을 받은 요리가 많다. 나는 이 디시를 먹기 위해 1시간 동안 버스를 타고 30분간 택시를 더 타서 트라파니에 위치한 한 식당을 찾았다. 고된 길이었지만 이 디시를 한입 먹자마자 모든 힘들었던 마음이 사르르 녹아 사라졌다. 이 음식과 마찬가지로 각 지역의 음식은 문화와 역사를 담고 있다. 왜 이런 요리를 그 지역에서 많이 먹게 되었는지 연구하고 공부하고 현지에서 직접 먹어보는 것도 셰프의 기본적인 덕목이다. 그리고 그 경험과 공부를 통해 정통을 지키며 탐구하고 연구해서 나만의 색을 더해가며 내 요리 스타일을 잡아가는 것이 중요하다.

재료

생선 육수(P. 74) 2컵, 바다 육수(P. 74) 1컵, 토마토퓌레 100g, 페페론치노 1개, 마늘 2톨, 양파 1개, 이탤리언 파슬리 6장, 화이트 와인 3T, 쿠스쿠스 2컵, 엑스트라 버진 올리브 오일 ½컵, 생선 필레 1장, 탈각 새우 5마리, 조개·홍합(껍질을 벗긴 것) 각 10개, 다진 호두 2T, 실고추 약간, 소금 약간, 후춧가루 약간, 바질 4장

만들기

(1) 엑스트라 버진 올리브 오일 ¼컵을 팬에 두르고 다진 마늘과 페페론치노, 다진 양파를 볶다가 탈각 새우, 홍합, 바지락을 가볍게 볶은 뒤 토마토퓌레, 생선 육수와 바다 육수, 화이트 와인을 넣는다.

(2) 물이 약간 자작해질 때까지 약한 불에서 천천히 4분 정도 끓여준다.

(3) 팬의 불을 끄고 쿠스쿠스를 넣은 뒤 뚜껑을 덮고 3분간 기다린다.

(4) 뚜껑을 열고 쿠스쿠스가 육수를 다 머금고 알덴테로 잘 익으면 올리브 오일 ¼컵을 넣고 소금, 후춧가루로 간한 뒤 바질 등을 곁들인다.

(5) 쿠스쿠스는 밥공기에 눌러 담아 접시에 동그랗게 모양을 내서 올려준다.

(6) 볶은 호두, 실고추와 파슬리를 가니시로 사용해 마무리한다. 취향에 맞게 생선이나 새우 등의 살을 가니시로 올리거나 생선 필레를 오일에 구워 토핑으로 올려도 좋다.

Pizza Capricciosa
피자 카프리초사

나폴리 맛피자가 되다

〈흑백요리사〉가 방송된 후 프로그램은 대히트를 쳤고, 나를 비롯한 여러 셰프님들도 많은 관심과 사랑을 받았다. 심사위원이었던 안성재 셰프님과 유튜버 침착맨 님이 '나폴리 맛피자'라는 별명을 지어주셨고, 나도 굉장히 마음에 들어 했던 별명이라서 요리할 땐 맛피아, 방송할 땐 맛피자로 두 가지 자아를 가지고 활동해오고 있다. 이 책을 쓰고 있는 요즘 가장 고민되는 부분은 앞으로의 방향성이다. 방송과 주방 일을 적절히 밸런스를 맞추면서 본업인 주방 일에 관련해 조금 더 발전해나가려는 생각을 가지고 있다. 하지만 이 두 가지를 잘 조화해서 양립하는 건 굉장히 난도가 높은 일이기 때문에 가게 이전과 확장, 그리고 방향성에 대한 고민이 점점 커지고 있다. 이 책을 다 쓰고 출판될 때쯤에는 고민이 멈추고 확신을 가진 채 나아가고 있기를.

재료

피자용 밀가루(슈퍼누볼라 밀가루 추천) 1500g, 크리시토 40g(비가 파우더, 생략 가능하지만 있으면 간단하고 고급스러운 풍미의 피자 반죽이 나온다), 천일염 40g, 얼음물 1L, 엑스트라 버진 올리브 오일 약간, 이스트 4g, 세몰리나 밀가루 약간

피자 토핑

피자 토핑은 워낙 종류가 많지만, 개인적으로 카프리초사 스타일이 가장 매력적이라고 생각한다. 카프리초사는 쉽게 설명하면 오마카세 피자라고 생각하면 된다. 셰프가 원하는 재료를 올려서 구워내는데, 보통 아티초크나 달걀, 다양한 햄과 버섯을 올린다. 냉장고에 있는 재료를 아무거나 올려도 무방하지만, 파인애플은 절대 금지.

만들기

(1) 얼음물 900ml에 소금을 녹여준다.

(2) ①에 밀가루와 크리시토를 잘 섞고 세 번에 나눠서 반죽기를 저속으로 돌려준다.

(3) ②에 이스트를 넣어 반죽해주고 반죽의 텍스처를 봐가면서 남은 물 100ml를 조금씩 여러 번에 나눠 부어준다.

(4) 10분 정도 저속으로 천천히 반죽해준다. 반죽 온도는 20℃보다 높아서는 안 되고, 표면이 매끄럽게 잘 나와야 하며, 손으로 잡아끌었을 때 반죽이 딸려 나올 정도로 쫀득한 느낌이 나야 한다.

(5) 피자 반죽 발효가 잘되면 300g 정도로 소분해서 오일을 살짝 발라서 밀폐 용기나 볼에 공기가 통하지 않게 담아 4시간 정도 발효시킨다.

(6) 세몰리나 밀가루를 바닥에 펴고 반죽을 조심스럽게 손으로 펴주는데, 이때 밀대는 절대 사용하지 말고 손으로 조심조심 넓게 펼쳐내고 테두리는 가능한 한 손대지 않는다.

(7)   토핑을 올려 에어프라이어나 오븐은 200℃에서 15분 내외, 피자용 화덕이면 400℃에서 2분간 굽는다.

맛피아's tip

피자 반죽은 반죽기도 필요하고 난도가 꽤 높다. 따라서 간단하게 만들고 싶다면 이전에 만들어둔 포카치아 반죽을 사용해도 무방하다. 맛과 풍미는 다소 떨어질 수는 있지만, 집에서 편하게 안정적으로 만들 수 있다. 포카치아 반죽으로 피자를 만들면 나폴리식 피자보다는 로마식 피자에 좀 더 가까워진다.

SPECIAL CHAPTER
나폴리 맛피아 인생 여행

맛피아와 함께 떠나는 남부 이탈리아 여행

이탈리아와 음식에서 가장 중요한 요소는 지역의 재료와 전통에 대한 존중이다. 이탈리아는 한마디로 정의하는 게 불가능하다. 지역별, 도시별로 문화와 언어 등 모든 것이 다르기 때문이다. 나폴리와 로마, 시칠리아 등 모든 도시마다 각각의 정통 음식이 있다. 구글에 잠깐만 검색해보면 친절하게 정통 음식을 정리해뒀으니 그 음식들을 우선 파악해서 경험해보는 게 중요하다. 예를 들면 로마는 카르보나라와 아마트리치아나 같은 파스타가 유명하고, 나폴리는 역시 피자와 에스프레소, 그리고 심플한 건면 파스타와 해산물이 유명하다. 또 시칠리아는 참치나 청새치 같은 큰 생선과 다양한 파스타와 아란치니, 가지 등의 아랍의 영향을 받은 식재료가 유명하다. 이 밖에 티라미수는 베네치아의 정통 음식이고 사프론 리소토는 밀라노 음식이다. 이렇듯 각 지역마다 본인들이 잘하는 정통 음식이 있기 때문에 만족도를 높이기 위해서는 그 지역의 음식을 우선 먹어보고 경험해보는 것이 이탈리아 미식 여행의 핵심이라고 할 수 있다.

Roma

로마는 세계 최대의 관광도시다. 도시 전체가 유적지라고 할 수 있을 정도로 걸어 다니는 모든 곳이 곧 유적이자 세계 문화유산이다. 전 세계에서 수많은 관광객이 몰려들기 때문에 이래저래 성수기에는 사람에 치여 제대로 된 관광을 즐기기 어렵다. 하지만 언제나 최선의 방법은 있다. 보통 로마 공항으로 들어간다면 첫 3일은 시차 적응이 거의 불가능하다. 따라서 아무리 늦게 자더라도 새벽 5시(한국 시간 정오)면 자연스럽게 눈이 떠진다. 그럴 때 억지로 더 자려고 노력할 필요 없다. 새벽 4시쯤 눈이 자연스럽게 떠졌다면 바로 씻고 나갈 준비를 해서 새벽 5시에 관광을 시작하는 게 좋다. 여름에는 새벽 5시면 해가 뜨기 때문에 트레비 광장 같은 곳에서도 여유롭게 인생샷을 찍으면서 관광을 충분히 할 수 있다. 카페는 보통 아침 8시에 열기 때문에 관광과 산책 혹은 조깅을 2~3시간 정도 즐긴 뒤 8시 30분쯤 카페에 가서 카푸치노와 코르네토(크루아상)를 한 조각 먹고 쉬엄쉬엄 돌아보다가 11시쯤 점심을 먹으러 가는 걸 추천한다. 보통 이탈리아나 서양 관광객은 낮 1시 정도에 식사를 하기 때문에 오전 11시에 식사를 하러 가면 유명

택시 코로나 시국에는 우버 앱을 많이 활용했는데 요즘에는 우버를 잘 쓰지 않는다. 'Freenow' 앱이 가장 잘 잡히고 두루 쓰인다.

배달 'Just Eat', 'Deliveroo'를 자주 사용한다. 원래 자주 사용했던 우버잇츠는 사라졌다. 이탈리아도 코로나 이후로 배달 문화가 발달해 피자나 버거, 파니니부터 일식과 중식은 물론, 로마에서는 한식도 배달 가능하다. 몸이 아프거나 숙소에서 푹 쉬고 싶은 날에는 배달시켜 먹는 것도 추천한다.

유튜버 빠니보틀, 육식맨과 함께

한 맛집도 웨이팅 없이 편하게 식사할 수 있기 때문이다. 그리고 남부 이탈리아는 여름에 어마어마하게 덥기 때문에 낮 1시부터 오후 4시까지는 숙소에서 편하게 낮잠을 자고 쉬다가 6시쯤 저녁을 먹으러 가면 마찬가지로 수월하게 식사할 수 있다(보통 이탈리아인의 저녁 식사 시간은 오후 8~10시이기 때문).

교통 'Omio'라는 앱이 가장 좋다. 각종 버스, 기차, 페리까지 간단하게 예약할 수 있고 오류도 없다. 고속열차는 '이탈로(Italo)'를 자주 활용하는데, 유럽은 대부분 기차값이 현장에서 구매하는 게 가장 비싸기 때문에 미리 구매해야 저렴하게 이용할 수 있다. 특히 성수기에는 표가 아예 없는 경우도 있으니 3개월 전에 구매해두면 정가의 반값 이하로 싸게 구할 수 있다.

맛피아's pick 보르게세 공원 & 보르게세 미술관

로마에서 가장 좋아하는 곳으로, 로마 북부에 위치한 거대한 공원이다. 가볍게 산책하기에도 좋고 작은 호수에서 오리배를 타거나 벤치에 앉아 낮잠을 자거나 책을 읽고 사색하기에 최고의 장소다. 파니니나 버거 혹은 피자를 포장해서 아름다운 풍경을 바라보며 먹는 것만큼 행복한 일이 있을까?

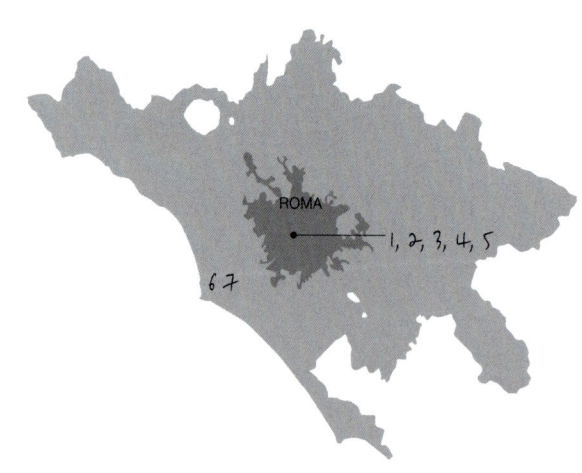

숙소 이탈리아에서 에어비앤비를 사용할 때는 꼭 확인해봐야 하는 게 몇 가지 있다. 가장 중요한 것은 엘리베이터 유무. 이탈리아에는 지금도 엘리베이터가 없는 건물이 상당히 많다. 특히 3층 이상이라면 무거운 캐리어를 끌고 올라가는 것은 지옥과도 같은 일이다. 꼭 층수와 엘리베이터 유무를 가장 먼저 확인해야 한다. 추가로 욕실이 방에 따로 딸려 있는 숙소를 이용하는 편이 좋다. 일찍 예약한다면 전용 욕실이 있더라도 없는 곳과 가격 차이가 크지 않다. 로마는 교통편도 잘되어 있고 걸어 다니기에 좋기 때문에 굳이 비싼 관광지 숙소보다 트라스테베레(Trastevere) 같은 약간 외곽에 있는 숙소를 가성비 있게 구하는 것도 추천한다. 그리고 그쪽에 관광지 식당보다 현지인이 애용하는 맛집이 많다.

나폴리 맛피아의 추천 맛집 & 카페

1. 로마 미슐랭 1 스타 〈이딜리오 바이 아프레다(Idylio by Apreda)〉

아시안 터치가 제대로 들어간 파인 다이닝 코스
- Piazza dei Caprettari, 56/60, 00186 Roma

2. 로마 트라스테베레에 위치한 〈미스터 클루드 비스트로(Mr. Clood Bistrot)〉

해산물 베이스의 생면 파스타 메뉴 추천
- Via Luciano Manara, 13, 00153 Roma

3. 깔끔한 로마식 파스타가 당긴다면 〈루차노 쿠치나 이탈리아나(Luciano Cucina Italiana)〉

카르보나라, 카치오에페페, 아마트리치아나
- Piazza del Teatro di Pompeo, 18, 00186 Roma

4. 로마식 아란치니, 수플리 맛집 〈수플리 로마(Suppli Roma)〉

라구를 넣은 수플리
- Via di S. Francesco a Ripa, 137, 00153 Roma

5. 파스타만 먹어서 고기가 생각난다면 〈리스토란테 맘마 미아(Ristorante Mamma Mia)〉

이탈리아 소 품종으로 만든 스테이크와 리소토, 좋은 와인 리스트
- Via Giovanni Pacini, 31, 00198 Roma

6. 피우미치노 공항 근처 최고의 해산물 레스토랑 〈파스쿠치 알 포르티촐로(Pascucci al Porticciolo)〉

미슐랭 1 스타 해산물 전문 파인 다이닝 코스
- Viale Traiano, 85, 00054 Fiumicino Roma

7. 출국 전 최고의 선택 〈4112 콰란투노도디치 리스토란테 바(4112 QuarantunoDodici Ristorante Bar)〉

해산물 베이스의 다양한 파스타와 리소토가 강점 + 친절한 서비스
- Via Monte Cadria, 127, 00054 Fiumicino Roma

Napoli

나폴리에는 한국인이 거의 없다. 아직은 위험하다는 인식이 있기 때문인데, 편견이라고 보면 될 것 같다. 밤 12시 넘어 혼자 술에 취해 고성방가를 하고 다니는 게 아니라면 나폴리도 거대한 관광도시이기 때문에 강도를 크게 걱정할 필요는 없다. 소매치기는 본인이 조심하고 항상 경계하면 당할 일은 없다. 그리고 가능하면 여권이나 지갑 등은 안전한 숙소 캐리어나 금고에 넣어두는 것을 추천한다. 나는 보통 이탈리아로 여행을 가도 가방이나 지갑을 들고 다니지 않고 주머니에 그날 쓸 만큼의 현금과 카드만 가지고 다닌다. 그렇게 하면 소매치기를 걱정할 필요가 전혀 없다. 그리고 한국에서처럼 별생각 없이 휴대폰이나 가방으로 자리를 맡는다든가 테이블에 두고 다니곤 하는데, 한국만큼 안전한 나라는 없기 때문에 이런 행위는 이탈리아뿐 아니라 전 세계 어디를 가도 해서는 안 된다.

의외로 나폴리는 대중교통이 잘되어 있다. 지하철과 기차가 안 닿는 지역이 거의 없으며 위로는 푸니쿨라가, 바다에는 페리가 다닌다. 따라서 렌트는 추천하지 않는다. 나폴리는 이탈리아에서 운전이 가장 거친 지역으로도 유명하고 길이 굉장히 좁고 복잡하다. 만약 렌트를 한다면 보험은 최대로 하자.

나폴리는 물가가 굉장히 저렴한 편이다. 이탈리아는 도시마다 물가가 굉장히 편차가 큰데, 밀라노와 베네치아, 피렌체 등 유명 관광지는 에스프레소 한 잔에 3~4유로가 넘는 곳도 있지만 남부에 속한 로마는 보통 1.2~2유로, 나폴리는 1유로가 평균이다. 피자 또한 동네 작은 피자집에서 테이크아웃해 먹는다면 마르게리타 피자 한 판에 2~4유로면 충분하다. 만약에 장기 여행자이고 돈이 좀 부족하다면 나폴리에서는 하루에 10유로(테이크아웃 기준)면 배부르게 먹을 수 있다.

나폴리는 여러 개의 아름다운 섬과 폼페이, 소렌토에 둘러싸여 있는 세계 최고의 관광지 중 하나다. 나폴리에 숙소를 잡고 몰로 베베렐로(Molo Beverello) 항구를 이용하면 카프리, 이스키아, 프로치다섬부터 소렌토까지 편하게 갈 수 있다. 배편도 굉장히 많은 편이고 가격도 그렇게 비싸지 않다. 특히 소렌토는 자동차와 오토바이로 가는 것보다 훨씬 더 추천한다.

역사적인 관광도시인 폼페이에 가고 싶다면 기차를 이용하는 것이 좋다. 기차를 통해 폼페이에서 반나절 정도 관광하고 다시 기차를 타고 소렌토로 넘어가는 동선이 깔끔하다.

소렌토와 바다에서 조금 더 시간을 보내도 괜찮다면 아시아인이 전혀 없는 비코 에퀜세(Vico Equense)에서 하루 정도 여유를 즐기는 것도 추천한다. 차를 렌트했다면 포지타노와 아말피의 해안을 달려보는 경험도 필수다.

하루 만에 끝내는 나폴리 시내 관광 코스

두오모 디 산타 마리아 아순타(Duomo di Santa Maria Assunta, 나폴리 대성당) ⋯ 스파카나폴리(Spaccanapoli, 나폴리 전통 기념품과 길거리 음식) ⋯ 비아 톨레도(Via Toledo, 나폴리의 가장 번화한 거리) ⋯ 피아차 델 플레비시토(Piazza del Plebiscito, 가장 큰 광장과 성당) ⋯ 델오보 성(Castel dell'Ovo, 바다 위 고성) ⋯ 바다와 베수비오 화산을 보며 걸을 수 있는 아름다운 해안도로 ⋯ 비아 코무날레(Villa Comunale, 바닷가 옆 공원)

가볼 만한 곳

· 산텔모(Sant'Elmo, 산텔모 성) 나폴리의 가장 높은 곳에 위치한 성으로 푸니쿨라를 타고 올라갈 수 있다. 날씨가 좋다면 나폴리와 주변 모든 풍경을 한눈에 볼 수 있다.

· 이스키아(Ischia), 프로치다(Procida) 한국에는 카프리만 잘 알려져 있어 아쉽다. 프로치다는 작지만 아름답고 조용한 섬이고, 이스키아는 프로치다와 카프리보다는 훨씬 크고 휴양을 즐기기에 좋은 섬이다.

· 테아트로 디 산 카를로(Teatro di San Carlo, 산 카를로 극장) 유서 깊고 아름다운 인테리어가 특징인 공연장이다. 발레나 오페라, 클래식 등 공연을 좋아한다면 인터넷으로 예매해 한 번쯤 가볼 만한 곳이다.

나폴리 맛피아의 추천 맛집 & 카페

피자

1. 나폴리가 아닌 세계 최고의 카노토 피자
〈디에고 비탈리아노 피체리아 - 바뇰리(Diego Vitagliano Pizzeria - Bagnoli)〉
Via Nuova Agnano, 1, 80125 Napoli

2. 바다가 보이는 유명 피자집
〈지노 소르빌로 리에비토 마드레 알 마레(Gino Sorbillo Lievito Madre al Mare)〉
Via Partenope, 1A, 80121 Napoli

3. 정통 로컬 피자 맛집 〈스타리타(Starita)〉
Via Materdei, 27/28, 80136, Napoli

4. 길에서 손으로 먹는 피자 튀김 〈피체 프리테 다 젠나로(Pizze Fritte da Gennaro)〉
Via Giuseppe Simonelli, 58, 80134 Napoli

요리

5. 담백하고 신선한 나폴리 정통 음식 〈오스테리아 나풀리온(Osteria Napulion)〉
Via Giovanni Nicotera, 42, 80132 Napoli

6. 남부 유일의 미슐랭 3 스타 레스토랑 〈콰트로 파시(Quattro Passi)〉
Via Amerigo Vespucci, 13N, 80061 Napoli

카페와 디저트

7. 피오코 디 네베(Fiocco di Neve)가 유명한 비아 톨레도에 위치한 디저트 맛집
〈파스티체리아 포펠라(Pasticceria Poppella)〉
Via Santa Brigida, 69/70, 80132 Napoli

8. 비아 톨레도에 위치한 현대식 카페 〈루미니스트 카페 비스트로(Luminist Café Bistrot)〉
Via Toledo, 177/178, 80134 Napoli

9. 나폴리에서 가장 유명한 카페 〈그랑 카페 감브리누스(Gran Caffe Gambrinus)〉
Via Chiaia, 1, 80132 Napoli Na

10. 이탈리아식 파니니가 먹어보고 싶다면 인플루언서가 운영하는 이곳으로
〈콘 몰리카 오 센차 다 도나토(Con molica o senza da Donato)〉
Via Pignasecca, 29, 80134 Napoli

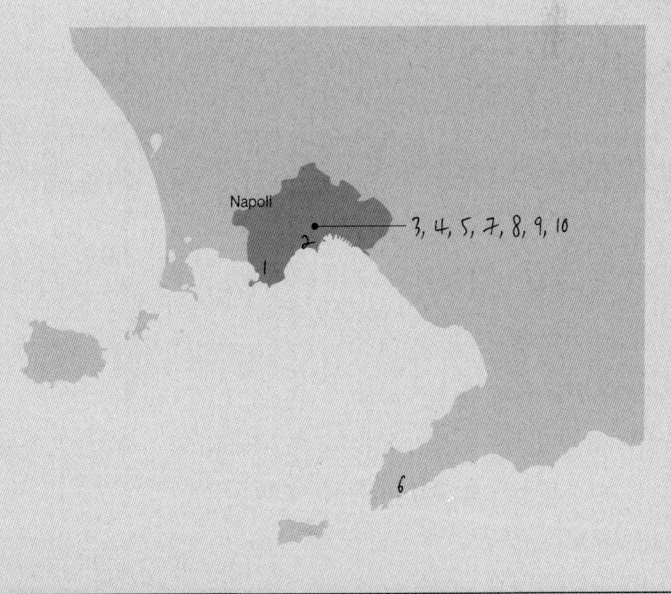

Sicilia

에리체 성

시칠리아는 굉장히 큰 섬이다. 사실상 또 하나의 국가라고 봐도 무방할 정도다. 대표적으로는 서쪽에는 가장 큰 도시인 팔레르모, 동쪽에는 에트나 화산과 카타니아가 있다. 유명한 관광 소도시로는 시라쿠사, 라구사, 아그리젠토, 타오르미나, 마르살라, 트라파니 등이 있다. 시칠리아는 규모에 비해 교통이 좋은 편은 아니라서 차를 렌트하는 게 가장 좋고, 운전하기 두렵다면 기차보다 버스가 편리하다.

시칠리아에서 가장 유명한 것은 해산물과 와인, 그리고 에트나 화산이다. 시칠리아 어디를 가도 풍성한 해산물 음식을 먹을 수 있으며, 도시별로 다양한 지역 음식이 있다. 팔레르모를 거점으로 관광할 때는 트라파니에서 정통 음식을 먹어보고 마르살라에서 마르살라 와인을 마셔보자. 날씨가 좋다면 천공의 도시 에리체

에트나산

시칠리아로 가는 방법은 두 가지가 있다.
1. 비행기로 카타니아나 팔레르모 공항으로 들어가는 방법 2. 기차를 타고 로마나 나폴리에서 가는 방법
가성비와 시간을 따진다면 당연히 비행기가 좋지만, 기차에 탄 채 배에 실려 바다를 건너는 경험도 색다른 낭만과 추억을 선사해준다.

(Erice)에 가보는 것도 추천한다. 특히 이곳들은 한국 사람을 찾아보는 게 거의 불가능할 정도라 관광하는 기분이 많이 난다. 카타니아를 거점으로 관광을 할 때는 꼭 에트나 화산을 등반해보고 근처 와이너리를 들르는 걸 추천한다. 에트나는 이탈리아에서 가장 큰 활화산이며, 특유의 비옥한 화산 토양 덕에 다양한 와인과 올리브 오일이 생산된다.

에리체에서 만난 파스타 먹는 길냥이

나폴리 맛피아의 추천 맛집 & 카페

1. 트라파니 정통 음식을 경험해보고 싶다면 〈트라토리아 라 골로사(Trattoria La Golosa)〉

트라파니식 쿠스쿠스, 부시아테 페스토 파스타

Via Salemi, 42, 91100 Trapani

2. 깔끔한 모던 시칠리아 파스타 바 〈사르디나 파스타바(Sardina PastaBar)〉

해산물을 넣은 생면 파스타, 참치와 방어 타르타르, 스캄피 타르타르

Via dei Cassari, 41/43, 90133

3. 뷰와 칵테일 맛집 레스토랑을 찾는다면 〈세븐 레스토랑 팔레르모(Seven Restaurant Palermo)〉

테라스에서 즐기는 식사

Via Roma, 111, 90133 Palermo

4. 카타니아의 미슐랭 1 스타 레스토랑 〈사피오(Sapio)〉

에트나를 세련되게 표현해낸 젊은 셰프의 파인 다이닝 코스

Piazza Gandolfo Antonino, 11, 95131 Catania

5. 대표 디저트 카놀리 전문점 〈카놀리(Cannoli)〉

카놀리, 그라니타

Via Maqueda, 266, 90133 Palermo

6. 아란치니 전문점 〈스프리골라 비아 마퀘다(Sfrigola Via Maqueda)〉

라구를 넣은 사프론 아란치니

Via Maqueda, 223, 90133 Palermo

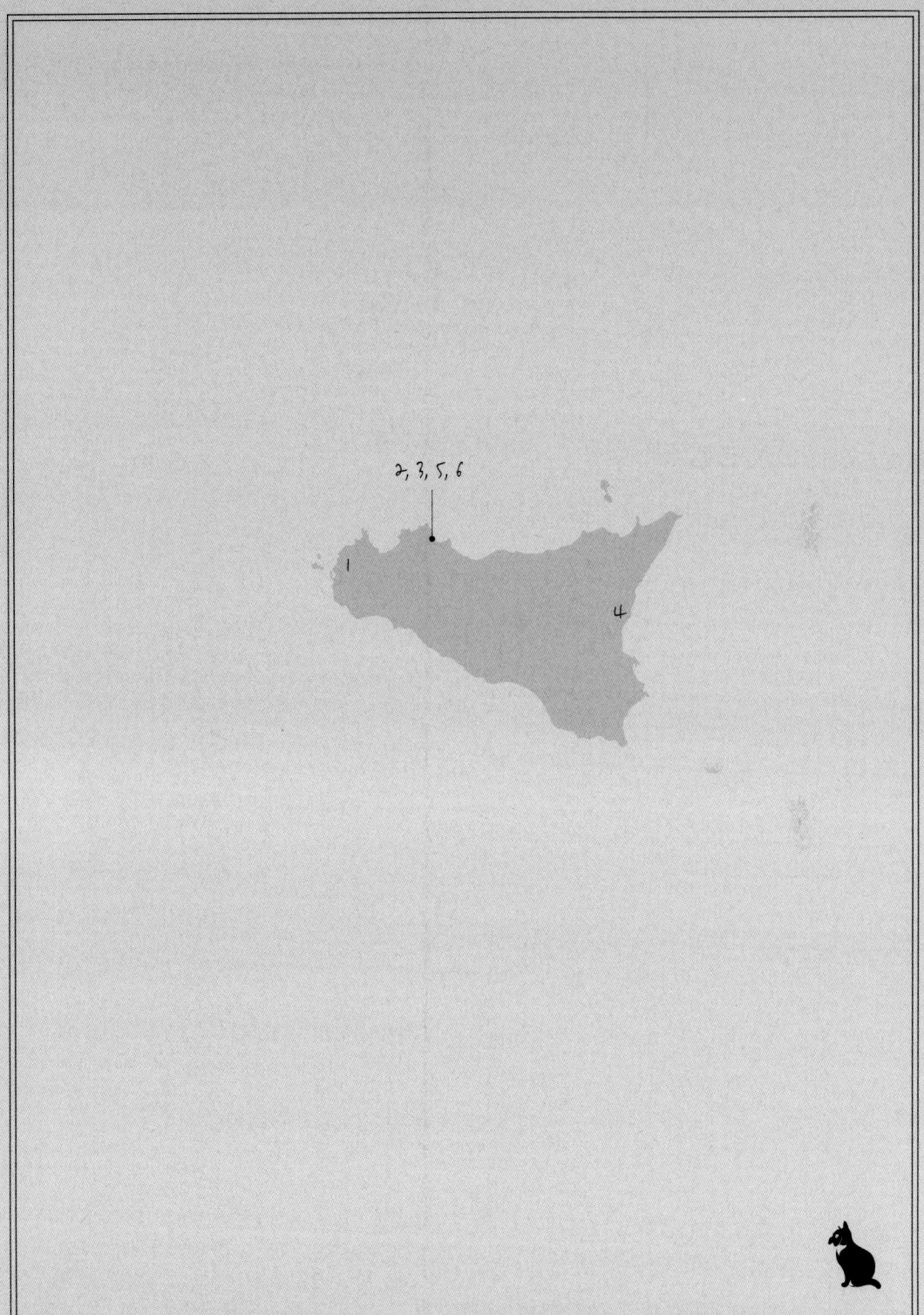

가게를 차릴 때도,
〈흑백요리사〉에서 수많은 명인과 경쟁할 때도,
방송에 출연할 때도
긴장되는 모든 순간, 걱정되고 고민되는 모든 순간에
이 문장을 스스로 되새겼다.
'Mai Paura'.

실패를 두려워하지 마라.
겁을 먹고 덤비지 않으면 아무것도 얻을 수 없다.
항상 고개를 들고 당당하게 나아가라.
그렇다면 너는 모든 것을 해내고 얻을 수 있을 것이다.
마이 파우라.

나는 한 가지 목표가 있으면 그것을 이루기 위해
1년이든 2년이든 모든 것을 쏟아붓는다.
〈흑백요리사〉 촬영이 끝난 지 1년 반이 지났지만
나는 여전히 그 자리에 있다.
목표와 꿈을 향해 끊임없이 앞으로 나아간다.
앞으로 그럴 것이다.

무기력하게 살아온 나에게 새로운 인생을 선사한 것은 요리지만,
여러분에게는 다른 것이 될 수도 있다.
도전하라.

'마이 파우라'